青！

会说才能赢

论辩

谢伦灿 / 主编

辽宁人民出版社

© 谢伦灿　2014

图书在版编目（CIP）数据

论辩 / 谢伦灿主编. —沈阳：辽宁人民出版社，
2014.1（2024.1重印）
　（会说才能赢）
　ISBN 978-7-205-07847-8

　Ⅰ. ①论… Ⅱ. ①谢… Ⅲ. ①辩论—语言艺术　Ⅳ.
①H019

中国版本图书馆 CIP 数据核字（2013）第278589号

出版发行：辽宁人民出版社
　　　　　地址：沈阳市和平区十一纬路 25 号　邮编：110003
　　　　　电话：024-23284321（邮　购）　024-23284324（发行部）
　　　　　传真：024-23284191（发行部）　024-23284304（办公室）
　　　　　http://www.lnpph.com.cn
印　　刷：辽宁新华印务有限公司
幅面尺寸：160mm×230mm
印　　张：9.75
插　　页：1
字　　数：133千字
出版时间：2014 年 1 月第 1 版
印刷时间：2024 年 1 月第 3 次印刷
责任编辑：孙姣娇
装帧设计：丁末末
责任校对：吴艳杰
书　　号：ISBN 978-7-205-07847-8
定　　价：48.00元

前　言

　　说话是一门艺术，更是一门高超的语言表达艺术。

　　古今中外很多卓越的口才大师凭借着超凡的说话能力往往是胸藏百汇，舌吐风雷，振臂高呼，应者云集，挽狂澜于既倒，助巨浪而前行。他们的口才表达能力具有神奇的感染力、说服力和鼓动性。

　　战国时的苏秦依仗三寸不烂之舌，游说东方六国，身挂六国相印，促成合纵抗秦联盟；三国时诸葛亮出使东吴，舌战群儒，终于说服吴王孙权和都督周瑜联刘抗曹，大破曹兵；周恩来总理多次在谈判桌上，以他那闻名世界的铁嘴挫败敌手，捍卫祖国尊严……无数事实说明，说话艺术能发挥改天换地、惊天动地的巨大作用。

　　在现实生活中，改革开放的政治形势和现代信息化社会环境，使信息量增大，信息流传加快，口才交际机会增多，说话表达场合拓宽。理论家崇论宏议，情动四海；军事家侃侃而谈，不容置喙。此外，企业家的谈判，营业员的推销，学者的交流都要有非凡的说话技巧。正因为如此，说话艺术作为一种宣传真理的好工具，获取信息的好途径，扩大联系的好机会，求知学习的好渠道，锻炼口才的好方法而受到人们特别是青少年朋友的重视。我们曾看到不同行业、不同年龄、不同层次的人们置身讲坛，英姿焕发，即兴而说；他们或大声疾呼，力陈改革之策；或纵横畅谈，议论

会说才能赢

美好前程；或热血沸腾，讴歌伟大祖国；或慷慨陈词，痛斥不正之风；或精细剖析，阐明人生哲理……声情并茂，鞭辟入里，令人难忘。

　　说话是一门艺术，也是一种技术。包括演讲之术、论辩之技、幽默之法、交谈之策、对话之谋……作为技巧，是可以通过后天的训练而习得的。为了提高读者朋友的说话表达能力，我们编写了这套《会说才能赢》说话艺术丛书。丛书共6册，分别为《演讲》、《论辩》、《幽默》、《对话》、《妙答》、《奇辩》。本套丛书讲求实用操作性与知识趣味性的统一，它可以作为读者朋友提升说话能力技巧的专业读物，更是对演讲、论辩、幽默等语言表达艺术情有独钟的青少年朋友的良师益友。

　　相信这套丛书的出版能促使你成为一个：

　　有卓越技巧的人，

　　有优良品质的人，

　　能适应时代、影响社会的人。

《会说才能赢》编委会

2013 年 10 月

论辩

目录
Contents

论辩

姑娘与火炉

——比喻法

在论辩中，比喻技巧的运用是非常广泛的。这是因为生动形象的比喻，能化抽象为具体、化生僻为通俗、化深奥为浅显，能准确地讲解知识，形象地表达感情，能启发人们丰富的联想，使自己的论证如虎添翼，效果倍增。

有一次，爱因斯坦到柏林哈顿街工人学校讲学，一位工人好奇地问："爱因斯坦先生，听说您创立了相对论，那是什么意思呢？"

爱因斯坦风趣地说："打个比方来说吧，如果你在一个漂亮的姑娘身旁坐一个小时，只觉得坐了片刻；如果你在一个热火炉旁坐上片刻，你会觉得像坐了一个小时，这就是相对的意思。"

相对论作为一种科学严密的理论体系，当然比较深奥，但爱因斯坦只用一个比喻就生动形象地将其基本原理表达得清清楚楚。

比喻，是一个常用的修辞格式，是语言形象化的手段，由于它取喻明理，以此喻彼，把精辟的论述与摹形拟象的描绘糅合在一起，既给人以哲理上的启示，又给人以艺术上的美感，因此，比喻能使表达充满幽默色彩。

加里宁是俄国布尔什维克的一位杰出的宣传鼓动家。一次，他向某地农民代表讲解工农联盟的重要性。尽管他做了详尽严谨的论证，听众始终茫然而不得要领。有人问：

"什么对苏维埃政权来说更珍贵，是工人还是农民？"

加里宁趁机反问："那么对一个人来说，什么更珍贵，是右手还是左手？"

全场静默片刻，随即爆发出热烈的掌声，一大篇抽象论证没有说服农民，而一个浅显的比喻却说尽深蕴之理，并营造了轻松愉快的氛围。

比喻，一般分为明喻、暗喻和借喻三种。

明喻，就是说清楚这是在打比方。本体和喻体之间通常用"像"、"如"、"一样"、"犹如"等喻词联结。下面我们看林乔丰在《贸易保护主义可以抑制》的辩论中的一段精彩发言："……让我们来看看詹金斯法案的例子吧！里根总统他虽然是一方面否决了詹金斯法案，但是呢，美国政府同时却提议要把新的多种纤维纺织品的条文修改得更加强硬，而且甚至连丝、麻非多种纤维纺织品也要纳入限额的范围内，这不就证明了贸易保护主义。一种形式的贸易保护主义给抑制了，但是另外一种形式的贸易保护主义却又兴起。就好像脸上的一个暗疮给消失了，但是另外一边脸上的暗疮却又生了出来，当人们看到你脸上的暗疮时还不是说：'啊呀！非常可惜，长得那么漂亮，但是你脸上还是有暗疮呀！'对吗？……"这段辩词，采用明喻方法，语言感染力非常强，说辩效果非常好。

暗喻，是指出现本体和喻体而不用比喻词联接的比喻。这种方法由于富有隐含性，使用效率更高，如前面列举的"左右手"即属此例。

借喻，是指本体和喻词都不出现，直接把喻体当本体说的比喻。

在 1986 年亚洲大专辩论会上，北京大学队李玫在论证《发展旅游业利多于弊》这一辩题的反方观点时，曾谈到旅游业与世界经济发展的好坏，打个比方，如果世界经济打个喷嚏，那么旅游业也会感冒，甚至得肺炎……"

这里，巧用借喻，化深奥为浅显，很好地启发了人们的联想，使自己的论证如虎添翼，效果倍增。

比喻论证虽然灵活性强，但毕竟是一种辅助性的方法，只能用于揭

示一般性的生活事理。在运用时要注意：所取喻例虽不必真实，但必须通俗明白，易为对方理解和接受；所比两事物虽然相异，但两者必须自然相通，不可生拉硬扯。

我和乌龟想的一样

——借代法

不直接说出某一事物的名称，而是用另外一种和该事物密切相关的事物来代替的修辞方式叫借代。

在论辩中，当我们碰到一些难以回答但又不得不回答的提问时，我们可以试试借代的方法，借用其他的事物来代替我们要讨论的问题，这样便可以达到回避对对方问题实质性回答的目的。

有一次，衣衫褴褛的庄周正坐在岸边的柳树下聚精会神地钓鱼，身后边来了两个峨冠博带的人，他一点儿也没觉察。

过了一会儿，其中一个发话了：

"对不起，老夫子，打扰您了，我俩是楚威王的钦差，奉命前来恭请您进宫总揽国务。"

庄周似乎压根就听不见，他一边继续钓鱼，一边漫不经心地说：

"听说楚国有只神龟，已经死了3000多年了，楚王毕恭毕敬地将它的尸骨藏在盖有丝巾的竹箱里，供奉在庙堂上。你们说，这只乌龟是愿意丢下遗骨取贵于庙堂呢，还是愿意活在泥水里自由自在地摇尾游弋呢？"

"当然愿意在泥水中无拘无束地生活啰！"

庄周接着说：

"既然如此，就请二位回宫去吧！因为我与乌龟想的一样。"

在这里，庄周并没有正面回答，他运用借代手法巧妙地说出了自己的想法。

在《圣经》马可福音（12章13～17节）里讲了这样一个故事：

有几个法利赛人和几个希律党人到耶稣那里，要就耶稣自己的话陷害他。

他们对耶稣说：

"夫子，我们知道你是诚实的，什么人你都不徇情面，因为你不看人的外貌，乃是诚诚实实的传神之道。那么，纳税给凯撒可以不可以？我们该纳不该纳税？"

耶稣知道他们的假意。因为如果说"没有纳税的必要"，这些人即可以叛国罪告发耶稣；如果说"应该纳税"，就会使他的跟从者失望，表明他是屈从皇家权力的，而当时的民众都在重压下挣扎呻吟，痛苦万分。

于是，耶稣对他们说：

"你们为什么试探我？拿一个银钱来给我看！"

他们就拿了个银钱。

耶稣说：

"这像和这号是谁的？"

他们说：

"是凯撒的"。

耶稣说：

"凯撒的物归给凯撒，神的物当归给神。"

耶稣在对方的狡诈发问面前，巧用借代法，用一枚罗马银钱来代表对问题的答复，银钱上印着凯撒的像和号，就是凯撒的，将他的东西还给他，是理所当然的。

麻雀是翻译

——比拟法

比拟就是把人当作物或把物当作人来描写的方法。在论辩中，恰当地使用比拟的方法，可使我们的论辩语言栩栩如生，有助于表达我们鲜明的爱憎感情。同样，诡辩者也往往会借助比拟的方法来混淆是非。

有一段时间，阿凡提害眼病，看不清东西。国王偏要叫他看这个，看那个，还故意取笑他说："你现在无论看什么，都把一件东西看成了两件，是吗？那不错，你本来穷得只有一头毛驴，现在可有两头了，阔起来了，哈哈！"

"真是这样，陛下！比如我现在看你就有四条腿，和我的毛驴一模一样！"阿凡提说。

顺势将国王比成毛驴，以示对国王嘲弄的反抗。

有位游手好闲、拍马溜须的所谓"学者"。

一天，他在市场上买了6只来自中国的麻雀，决定用它们去讨好国王。

按照这个国家的习惯，"7"是大吉大利的数据，要是送去6只，国王兴许会不高兴的。国王一发怒，可就麻烦了。

但是，中国麻雀只有6只，怎么办呢？他想了半天，决定混进1只本国麻雀，凑足7只麻雀献给国王。

国王一见，果然高兴。他仔细地把它们逐一玩赏一遍，突然发现有一只本国麻雀混在里边，立即大怒，责问他：

"这是怎么回事？是不是你自恃博学多才，欺我寡陋无知？"

"学者"一听，知道自己闯了大祸，吓得索索地抖。突然，他想到一个理由，忙对国王说："陛下，这只本国麻雀是一位翻译。"

这位所谓的"学者"，利用拟人的手法将这只麻雀说成是翻译，以此达到了为自己开脱的目的。

有时，把物当成人，加上人的动作、行为或思想感情，可以取得很好的幽默讽刺效果。

一次，诗人但丁出席威尼斯执政官举行的宴会，席间，听差们献给意大利各城邦使节的是一条条肥大的煎鱼，而给但丁的却是几条很小的鱼。

这种公然的歧视使但丁深为气愤。他没有品尝佳肴，而是用手把盘里的小鱼逐条拿起，靠近耳朵，然后又一一放回盘中。执政官见此情况，忙问这种莫名其妙的动作是何用意。

但丁朗声答道：

"几年前，我的一位挚友在海上旅行时不幸逝世，举行了海葬。从那以后，我一直不知道他的遗体是否已安然葬入海底。因此，我就挨个问这些小鱼，也许它们多少知道一些情况。"

执政官接着问道："那么，它们对你说些什么呢？"

但丁不紧不慢地回答说：

"它们对我说，它们都很幼小，对过去的事情了解得很少。不过，如果我向同桌的大鱼们打听一下，肯定会了解到想要知道的情况。"

执政官明白了但丁的意思，忍不住笑了，转身责备听差们不该怠慢了贵客，吩咐他们马上给诗人端上一条最大的煎鱼来。

比拟法，可以化高深为浅显，使道理明白通俗，易于理解，使形象更加鲜明生动，以引起人的注意和兴趣，增强说服力和感染力。

金带与青菜

——谐音法

从前，有个宰相，他有一个儿子叫薛登，聪明伶俐。当时有位奸臣叫金盛，总想陷害薛登的父亲，但苦于无从下手，便在薛登身上打主意。有一天，金盛见薛登正与一群小孩玩耍，于是眉头一皱，诡计顿生。他喊道："薛登，你像小老鼠一样胆小，肯定不敢把皇门上的桶砸掉一只。"

薛登不知是计，一口气跑到皇门边上，把立在那里的双桶砸碎了一只，金盛一看，正中下怀，立即飞报皇上。皇上大怒，传薛登父子问罪。

"大胆薛登，为什么砸碎皇门之桶？"

薛登想了想，反问道："皇上，你说是一统（桶）天下好，还是两统（桶）天下好？"

"当然是一统天下好。"皇上说。

薛登高兴得拍起手来，说："皇上说得对，一统天下好，所以我把那只多余的'桶'砸掉了。"

皇上听了转怒为喜，称赞道："好个聪明的孩子。"还赞美宰相教子有方。

汉语口语中，有一种特殊的语音现象：同音多义，即字音相同或相近，意义却完全不同，如同音字、谐音字等。论辩时，借用谐音关系，把本来风马牛不相及的事情联系起来，使没有因果关系的事物结成理所当然的因果联系，这可以表达出丰富的含义，给人以广阔的联想和想象的天地，往往能出奇制胜，妙趣横生。

在这里，薛登利用谐音字，巧妙换义，借题发挥，把风马牛不相及的事物联在一起且顺理成章，既说服了皇上，又制服了奸臣，也解脱了自己。

论辩中，运用谐音构成双关、误解等方式，可达到嘲讽、影射对手的目的，从而收到"骂者痛快淋漓，听者有苦难言"的奇效。

有个财主和先生商定，第二天要面试他孩子对对子。先生便预先嘱咐学生道："明天考试时，我出'紫袍'，你对'金带'，可别忘了。"

次日，财主与先生对饮，财主请先生出对试一试。先生出"紫袍"，学生对"金带"。先生大喜，说："你看，你孩子能对了。"可财主也不是容易被蒙骗的，说："师生可能暗中商定，得我亲自出才算。"即出"和同"二字，这学生仍以"金带"对。先生赶紧说："你将'分派'二字字音吐清楚。"

财主说："对，'分派'自然不错，但由老师代讲了，我还是不信。"又指碗内金针菜出"黄花"，这孩子仍以"金带"对。财主说："这回可露底了吧？"先生忙说："东家，您老耳朵听力不好，他刚才是说'青菜'。"

财主说："金带和青菜，果然容易听错，我再出一对，如能对便不错。"随手指佐味的"花椒"出对，回答还是"金带"。财主说："这回可掩盖不了吧？"先生答道："哪里呢？他刚才说'荆芥'。"

财主无奈，又指堂上所画吕仙像，出"神仙"。这个弟子仍对"金带"。先生赶紧以"精怪"搪塞过去。

财主穷追不舍，又指墙上春贴"丙辰"年号。这个学生照答"金带"不误。先生最后以"丁亥"代对之，终于使财主再也提不出问题。

上面的"分派"、"青菜"、"荆芥"、"精怪"、"丁亥"都与"金带"之音相近。先生巧妙地利用了这一点，灵活应对，表现出高超的应变能力。

谐音巧辩就是根据这种音同或音近的条件，构成一语双关来达到论辩取胜目的的。

你是脖子

——别解语义法

有意违反意识、常规、常理，利用语音、词汇、语法，临时赋予一个词语或句子原来不曾有的新义而做出奇特新颖、甚至是怪异的解释，这种方法可以嘲讽对手，顺势发挥，增强表达效果。

威尔逊任新泽西州州长时，他接到来自华盛顿的电话，说新泽西州的一位议员，即他的一位好朋友刚刚去世了。威尔逊深为震动，立即取消了当天的一切约会。几分钟后，他接到了新泽西州的一位政治家的电话。

"州长"，那人结结巴巴地说，"我，我希望代替那位议员的位置。"

"好吧"。威尔逊对那人迫不及待的态度感到恶心，他慢慢地回答说，"如果殡仪馆同意的话，我本人是完全同意的。"

语句"代替那位议员的位置"可以理解为"代替那位议员的位置去当议员"，也可理解为"代替那位议员在殡仪馆中的位置。"威尔逊选取了后者，给了那野心家以迎头痛击。

别解语义可以分为别解词义与别解句义，在论辩中具有很大的作用。

首先，可以化守为攻，变被动为主动。

俄国大诗人普希金年轻时，有一次在彼得堡参加一个公爵的家庭舞会。他邀请一位小姐跳舞，这位小姐傲慢地说："我不能和小孩子一起跳舞！"

普希金灵机一动，微笑着说：

"对不起，我亲爱的小姐，我不知道你正怀着孩子。"

说完，他很有礼貌地鞠了躬后离开了，而那位漂亮的小姐却无言以对，脸上绯红。

语句"我不能和小孩子一起跳舞"本来是"你是小孩子，我不愿和你一同跳舞"的意思，而普希金却巧妙地将语义改为"我腹中怀有小孩，我跳舞腹中的小孩也跟着跳，这样对我们母子不利，"嘲笑了对方的傲慢与无礼，维护了自己的尊严。

其次可以帮助摆脱困境，避免尴尬。

某公司刘经理是有名的"妻管严"，但在外却摆出一副大男子主义的神态。一天，刘经理与小王闲聊。

刘："在公司里我是'头'。"

王："在家里呢？"

刘："当然也是'头'。"

这话被经理的孩子听到了，他回家将此事告诉了妈妈。经理夫人冷冷地对刘经理说："你是家里的'头'，那我呢？"

"你是脖子。"刘经理嘻嘻笑着。

"为什么？"妻子问。

刘经理解释道："因为头想动的话，必须听从脖子的。脖子扭向哪，头就指向哪！"

刘经理巧舌如簧，对"头"做出巧妙的解释，承认了妻子在家中的权威，化解了矛盾。

另外，它风趣幽默，可收到轻松调侃的效果。

一次，前民主德国柏林空军俱乐部举行盛宴招待空军英雄，一位年轻士兵斟酒时，不慎把酒洒在乌戴特将军的秃头上。

顿时，士兵悚然，全场寂静。

倒是这位将军却悠悠然，他轻抚士兵肩头说：

"老弟，你以为这种治疗有用吗？"

语音刚落，全场立刻爆发出欢快的笑声，人们为将军的宽容、幽默而欢呼。

没看到问号

——语调法

语调是指口语表达时因情感和表达的需要，在音声处理上表现出来的高低、升降、曲直的变化。语调的变化不仅可以反映表达者的喜怒哀乐等，还可以展示内容的逻辑性和形象性。也就是说，相同的语气如采用不同的语调可产生不同的表达效应。

比如打电话时，一个"啊"字，运用不同的语调可以表示出疑问、明了、不满、惊讶等不同意义。

前苏联教育家马卡连柯说："只有学会在脸色、姿态和声音的运用上做出 20 种风格韵调的时候，我就变成了一个真正有技巧的人。"这道出了语调的作用。

语调分为高升调、降抑调、平直调、曲折调 4 种。

阿凡提专与巴依作对，因为自作聪明的巴依为了报复，雇阿凡提为长工。一天，巴依和老婆下棋，把阿凡提叫到跟前说："阿凡提，大家都说你聪明，那你就来猜猜我们这一盘棋的输赢吧。猜对了，我给你一个元宝；猜错了，我打你二十皮鞭。"阿凡提答应了，当场铺开一张纸，写道：

"你赢她输。"

巴依看在眼里，故意把棋输给了老婆。他得意地对阿凡提说："你输了，该打二十皮鞭了！"

"慢，老爷，我猜对了！"说完，阿凡提念道："你赢她，输！"这句话表达的是巴依输，老婆赢，巴依无话可说。但狡猾的巴依说："不行，再猜一盘才算！"阿凡提又答应了。这一盘，巴依赢了她老婆。阿凡提打开纸一念：

"你赢，她输！"

巴依又没话说了，他又没打成阿凡提。"不，再猜一盘！这次你要是猜对了，我一定把元宝赏你；猜错了，就别怪我手下无情了！"阿凡提说："可以，不过这回你说话可得算数了。"

这一盘，巴依与老婆故意下了和棋。阿凡提又打开纸念道：

"你赢？她输？"

这次阿凡提不肯定谁赢谁输，所以说他们和了。巴依的诡计又落空了。

把握自己的语调，能随机应变，淋漓尽致地表达出丰富的思想感情，在论辩中会取得意想不到的效果。

在10年"文革"动乱中，著名作家赵树理常常被揪斗。一次，赵树理据理反驳，造反派被驳得哑口无言，最后只好使出强迫"画供"认罪这一招。他们把强加的罪名罗列在纸上，强迫赵树理签字承认。赵树理拿起笔来写道：

"你说我是我就是？"

打手们一看这几个字，如获至宝，一把抓住那张纸，说："赵树理，这可是你白纸黑字亲自写上的，说话可要算数。明天到大会上向群众交待你的罪恶，不许赖账！"赵树理说："一定算数，决不赖账！"

第二天开大会，去的人不少。

批斗会一开始，造反派头目拿着那张纸叫道："经过我们的批斗，顽固不化的反动作家赵树理终于承认了他是罪恶累累的反革命修正主义分子……现在把他押上来让他亲口向革命群众交待！"

赵树理被押到台前，他对准麦克风响亮地说："我没有承认！"

造反派一愣，拍案嚎叫："混蛋！这不是你的亲笔供词？"

"我写的是'你说我是我就是？'。"

"这不算你承认了，算什么？"

赵树理说："你就没看我写的那句话后边用的是问号？"

顿时台下哄然大笑。那几个造反派闹了个没趣，只好灰溜溜地收场。

在交际活动中，要正确运用语调技巧，一旦出错，表意将会相去甚远。

比如"你呀，真是了不起啊！"如果用降抑调，说起来语气诚恳，表示赞美、称羡之意；如果用曲折调，说起来拐弯抹角，表示讽刺之意。

房里不能住人

——字词拆合法

字词拆合法就是对字词的内部结构进行分析、拆合，借以表达论辩取胜的方法。

唐朝时有个小孩叫贾嘉隐，年仅 7 岁就很有口才。有一次，有两位年长的诗人听说他很聪明，就故意前来考他。其中有一位靠在一棵槐树下，问贾嘉隐：

"你说说看，我依的这棵树是什么树？"

"松树。"小孩回答。

"这明明是棵槐树，你怎么说是松树呢？"

贾嘉隐有条有理地说：

"您年纪这么大，我叫您公公，公的旁边靠着树木，不正是个'松'字吗？"

旁边有位无聊诗人听贾嘉隐这么说，也凑趣往树上一倚："我靠的也是松树，你也应该叫我一声公公。"

小孩灵机一动说：

"你靠的这棵树不是松树，是槐树。"

"你怎么又改口了呢？"

小孩辩解说：

"不是我改口，是因为鬼靠在树木旁，正好是一个'槐'字。"

那位诗人听完，哭笑不得。

明朝末年，闯王李自成率领义军兵临北京城下，明思宗朱由检感到末日来临，终日惶恐不安。

一天，他微服出了紫禁城，想找个相命测字的先生占卜一下大明的命运。

朱由检刚出紫禁城，就迎面来了一位测字先生，他见这位先生白面顿须，一副智者神态，就叫住测字先生为他占卜。朱由检拈了一字，对测字先生说：

"测个'有'字。"

测字先生细细地打量了一下朱由检，沉吟半晌，说道：

"敢问这位大人，您是问个人前程呢，还是问江山社稷？"

朱由检听了不由一怔，他眉头微微一皱，说道：

"就问后者呢！"

测字先生说：

"这个'有'字，上部是'大'字少捺，下部是'明'字缺'日'这……这对社稷不利，大明江山恐怕要去掉一半……"

听到这里，朱由检喝住测字先生：

"我测的是'朋友'的'友'字。"

测字先生不慌不忙地答道：

"这个'朋友'的'友'字嘛，是'反'字出头，这闯贼兵临城下，恐怕要出头了……"

朱由检脸色苍白，厉声喝道：

"我测的是'酉时'的'酉'字。"

测字先生听后，细细一算，故作惊慌地说：

"不瞒大人，这我可不敢说了！"

朱由检见状，也一脸紧张，他故作镇定地说：

"但说不妨。"

测字先生凑近朱由检，故作神秘地说：

"这'酉'字是'尊'字砍头去足啊！'尊'乃九五之尊，指的是皇上，恐怕皇上会凶多吉少……"

朱由检听后脸色煞白，他扔下一锭银后，踉踉跄跄奔回皇宫，当晚便上吊自尽了。

原来这位测字先生是闯王手下有名的谋士金星。

我国汉朝的时候，有个叫徐孺子的小孩，才11岁，可是很聪明。

有一次他和郭林宗一块游玩后，到了郭林宗家里。林宗家的院子里有一棵大树，长得很好，绿油油的，像一把大伞一样，可是郭林宗却正要把这棵大树砍掉。徐孺子觉得奇怪，问道：

"这棵树好好的，为什么要砍掉呢？"

郭林宗说：

"做房子就好像四方的'口'字，'口'当中有'木'，就是'困'字，这样是不吉祥的。"

徐孺子反驳说：

"做房子，就好像四方的'口'字，'口'当中有'人'，就是'囚'字，这样房子里岂不是不能住人吗？"

郭林宗无言以对。

以上三例中的论辩者巧妙地运用字词拆合法，都达到了自己的论辩目的。汉字构字复杂，所以我们在运用字词拆合法时，应严格地按照原来的字形、字义理解。

曲子里我碰到很多熟人
——隐含法

隐含地表达思想的方法，在逻辑学上称隐含判断。

隐含判断就是指"言外之意"，"弦外之音"。用隐含判断来进行辩论的方法，就是巧用隐含术。

论辩中，运用这种论辩技巧，可以达到委婉地表达自己意见、含蓄地批评别人的缺点、辛辣地讽刺不良倾向和行为、无情地揭露丑恶的目的。

一次，某教师与一工人发生矛盾。这位教师破口大骂，不堪入耳。

这位工人没有用骂反击，也没有说骂人不对的道理，只是轻轻地说了一句：

"你是大学教师啊！"

这位教师气焰顿挫，即刻悻悻而去。

这位工人的言外之意即是：

大学教师是有教养的，而你这样骂人是没有教养的表现，有愧于大学教师的身份。

某甲经常宣传要维护妇女儿童的合法权益，言辞恳切，令人感动。

一次，他儿子因一件小事与媳妇发生矛盾，竟将媳妇打了一顿。他媳妇向领导反映情况。领导找来某甲，要他教育儿子。

他竟为儿子辩护说：

"儿媳妇心胸太狭窄了，儿子是出于忍无可忍的情况才打她的。"

某领导立刻截住他的话题笑着说：

"你难道就是这样维护妇女儿童的合法权益吗？"

某甲无言可答，只得羞惭地停止了辩护。

罗西尼是 19 世纪著名的意大利作曲家。

有一次一个作曲家带了份七拼八凑的乐曲手稿去向他请教。

演奏过程中，罗西尼不住地脱帽。作曲家问：

"是不是屋子太热了？"

罗西尼回答说：

"不，我有见熟人脱帽的习惯，在阁下的曲子里，我碰到那么多熟人，不得不连连脱帽。"

言语里既包含着辛辣的讽刺，又令人忍俊不禁。

《维吾尔族民间故事选》中有一个故事：

有一个阿谀奉承的伯克问阿凡提：

"你看我的价值有多高！"

阿凡提看了伯克一眼说：

"你的价值最高 50 块钱。"

伯克听了气愤地说："你怎么把我的价值看得这么低。"

阿凡提说：

"别忙，伯克大人，我看到你腰上扎的那根镶金皮带，才说这个价钱呢。"

伯克听了阿凡提的话，真是哭笑不得。

谁都能听出，阿凡提的隐含意是指"伯克一文不值。"这个判断狠狠地打击了伯克爱慕虚荣的思想。

巧妙地运用隐含法，藏其锋芒，避其气势，使对方无可奈何。

屡败屡战

——巧用语序法

在汉语中，语序是很重要的语法，语序不同，表达的意义也不一样。巧用语序可以巧妙地反驳对方观点。但是，滥用语序则会混淆是非，即成诡辩。

一个画家去拜访德国著名画家阿道夫·门采尔，向他诉苦：

"我真不明白，为什么我画一幅画用了一天工夫，可是卖出去却要一年？"

门采尔认真地说：

"请倒过来试试吧，亲爱的！如果你花一年工夫去画它，那么只要一天工夫就准能卖掉。"

画家门采尔幽默含蓄地表达了对对方作画粗制滥造的批评。

一个穷人和一个富人早上碰面了。

穷人："早上好，先生，你今天出来得早啊！"

富人："我出来散散步，看看是否有胃口对付早餐。你在干什么？"

穷人："我出来转转，看看是否有早餐对付胃口。"

穷人把富人的话语进行语序颠倒，强烈地讽刺了社会的贫富不均。

我们再看两个诡辩者的例子：

清代曾国藩在镇压太平天国起义军时，几遭挫折，连连失败。

他打算请求皇上增援军队，于是就草拟了奏章，作为面奏时的"腹稿"，其中讲到战绩时，不得不承认"屡战屡败"。

一位师爷看了这个提法后，马上联想到不久前发生的"一幕"：

一员大将面奏时，也曾讲到"屡战屡败"，因触怒龙颜而遭贬谪。

他不禁为主子捏了一把汗。但是，皇上又不容谎报军情，他在"屡战屡败"前苦思良久，猝然灵机一动，将"战"与"败"两字调换一下位置，这样"屡战屡败"变成"屡败屡战"，从而使这句话的意思起了质的变化。

"屡战屡败"表现为无能。

"屡败屡战"却表现为英勇。

次日，皇上听了曾国藩面奏"臣屡败屡战"一语后，果然龙颜大悦，认为他在失败面前斗志不灭，百折不挠，从此他福星高照，连连受皇上恩泽。

师爷巧换"战""败"顺序，让原本无能变为英勇。

从前，在一个私塾里，学生们听老先生讲课，一会儿有两个学生靠在桌子上睡着了。

"啪！"

老先生一戒尺打醒了那个穿得破破烂烂的学生，说：

"你一摸到书就睡着了，你看他。"

老先生指着旁边那个穿戴阔气的学生说：

"睡着了都还拿着书呢！"

两个学生，犯了同样的错误，应受相同的惩罚，但老先生欺贫怕富，利用语序诡辩，让人有苦难言。

左眼还是右眼

——复杂问句法

复杂问句是指运用一种隐含着某种虚假的事实或命题，要求对方回答的问话，而不论对方如何答都将会进入进退两难的圈套。

由于复杂问句包含着一个或多个假设命题，这些问题可以用来有效地鉴别观点的真伪，因此，在需要辨别真伪场合时，可以用它来达到目的。

美国前总统华盛顿年轻时，家里的一匹马给邻人偷走了。华盛顿同一位警官到邻人的农场里去索讨，但那人口口声声说那是自己的马而拒绝归还。华盛顿用双手蒙住马的两眼，对邻人说："如果这马是你的，那么，请你告诉我们，马的哪只眼睛是瞎的？"

"右眼"。

华盛顿放开蒙右眼的手，马的右眼并不瞎。

"我说错了，马的左眼才是瞎的"。邻人急忙争辩说。

华盛顿放开蒙左眼的手，马的左眼也不瞎。

"我又说错了……"邻人还想争辩。

"是的，你错了。"警官说，"这证明马不是你的，你必须把马立即交给华盛顿先生。

华盛顿在这里运用复杂问句，暗设陷阱，无论小偷怎么回答，都会出现错误，小偷在华盛顿的诱问之下好像进入了一个迷宫，不知所措，结果露出了破绽。

清朝时，两个差役有一天传告庞振坤："你家养着的小偷，偷了这一

带财主的东西，现在在县衙候审。请你速速赶往县衙。"

庞振坤知道，这是当地的财主想要陷害他，小偷可能是冒充的，他估计小偷不认识他，就跟着差役走。在街上他向熟人要了一个纸盒，戴在头上，把脸遮住，只留出双眼。来到县衙，他对县官说："因为家里养了贼，没脸见人，所以才用纸盒盖住。"县官问小偷："这就是你的主人？"小偷说："是的，我在他家已经 3 年了。"

这时，庞振坤问那小偷道：

"我庞振坤不出名，我这个庞大麻子可是远近闻名的。你在我家 3 年了，你说我是大麻子还是小麻子？是黑麻子还是白麻子？"

那小偷愣了一会儿，说道："你这个麻子嘛，不大不小，不黑不白。"

这时，庞振坤取下纸盒来："县太爷，你看我脸上哪有麻子？"

原来，小偷真是被财主买通的二流子，因此财主与小偷均被判诬陷罪。

庞振坤在此设定一个复杂问语，隐含一个虚假预设，无论小偷怎样回答，都会走入圈套，露出破绽。果然不出所料，对方的谎言一触即破。

复杂问句是以预设作为手段，预先设定，即在论辩过程中双方都接受了某种事实或命题。

喝牛奶有牛的血统

——依照反驳法

加拿大前外交官朗宁，1893 年生于中国湖北，是喝中国奶妈的奶长大的。他有次竞选议员，反对派诋毁他说："你是喝中国人的奶长大的，你身上一定有中国人血统。"朗宁毫不迟疑地反驳说："据有关人士透露，

你们是喝牛奶长大的，所以你们身上一定有牛的血统。"

面对反动派的无礼，朗宁随机应变，如法炮制，顺着对方的思路仿造出错误的观点，彻底地批驳了反对派。

仿照反驳是指论辩者根据对方的观点，通过想象、联想、对比思维，伪造出与论敌观点或相同或相似或相近或相反的论点，又向论敌投掷过去，使论敌猝不及防的一种论辩方法。

有一个工程师在单位里受排挤，要求调动工作。这个单位的领导人不仅不从自己身上找原因，反而振振有词地说：

"走就走，少了你地球就不转啦？"

这时，这个工程师反问道：

"是的，少了我地球照样转，不过请问，少了你地球转不转呢？"

仿照反驳是基于比较和联想形成的一种逻辑方法，其联想来源于对方的观点，而仿照出来的观点又与对方的观点形成鲜明的对比，或是谬误与谬误的对比，或是正确与谬误的对比，从而使谬误更加公开。

仿照反驳的方法有两种：顺仿法和逆仿法。

所谓顺仿法，是完全顺着对方的思路产生联想，仿照出与对方相同的观点公之于众，使对方的错误更加明显扩大。

譬如，诡辩家欧布里德向邻居借了一笔钱，过了很长时间仍不肯归还，邻人只好前去付账。欧布里德洋洋自得地说："不错，我是向您借过一笔钱，但是您要知道，一切皆流，一切皆变，借钱的我乃是过去的我，而过去的我不是现在的我，你应当去找过去的我要钱呀。"邻人一听，火冒三丈，抄起棍子把他狠狠地打了一顿。欧布里德恼羞成怒，拉着邻人要去告官。邻人笑道："不错，我是打了你。不过，正如你刚才所说，一切皆流，一切皆变，打你的我乃是彼时的我，而彼时的我不是此时的我，你应当去找彼时的我告官呀！"

对于欧布里德的诡辩，聪明的邻居顺着其言行仿拟出一个相似方式的

言行结果，暴露其错误，从而惩治了谬误。

逆仿法，是从反面仿照对方的观点，使两种观点形成对比，使对方的错误得以暴露。

有个商贩在集市上卖马，每匹马要价500块钱。他吹嘘道：

"我是个养马能手，我驯养的马跑起来四蹄腾空，快如闪电，无论跟什么马比赛，我的马总是得胜。如果试下来不是这样，我愿意倒贴500块钱！"

一个驭手经过这里，听了他的话，接口说："你的马真是太好了，我要买下来，不过你得先给2匹，试试它的脚力。"

"行！行！"商贩连声同意，驭手把2匹马牵走了。

过了一会儿，商贩找到驭手，要他支付2匹马的价钱。驭手说："我已经给你结了账，一分钱也不欠你了！"

商贩一听，急得跳了起来，说："买1匹马是500块钱，2匹马是1000块钱，你一分钱也没给我，怎么说不欠我的钱了呢？"

"有意思！"驭手撇撇嘴说，"我让你的2匹马比试一下，结果一匹在前，一匹在后。在前面的我应付给你500块钱，在后面的你应该倒贴我500块钱。这样一来一去，我们的账不是算清了吗？我还欠你什么钱呢？"

商贩目瞪口呆，答不出一句话来。

虽然驭手的行为不可取，但他的论辩方式却是严谨的。

运用仿照的目的，主要在于"破"，而不在于"立"，因此，运用此法时，可以不去考虑所使用的表述结构是否正确，是否有效，只要与论敌的表述结构相同，便可以收到反击对方的效果。这是仿照反驳成功的关键所在。

我把戒指戴在鼻子上

——重音法

今天我来这儿讲课。（明天不来）

今天我来这儿讲课。（不是别人来）

今天我来这儿讲课。（明天在别处讲）

今天我来这儿讲课。（不是干其他事）

由上面的列举可以看出，重音的位置对语意有重要的影响。

重音又叫重读，它是口语表达中按照内容和情感的要求对某些词语的重读。

重音分为语法重音、逻辑重音和感情重音。语法重音和逻辑重音受制于结构，一般不表达特别的意义与感情；感情重音则是由于特殊语境的需要而产生的，有明显的技巧。我们看下面的一些例子，重音位置不同，语意就不一样。

有人问诗人马雅可夫斯基：

"马雅可夫斯基，你为什么手上戴戒指？这对你很不合适。"

"照你说，我不应该戴在手上，而应该戴在鼻子上喽？"诗人回答。

诗人将对方的重读放在"手上"，给予答复，收到良好的论辩效果。

又如：

丹麦著名童话作家安徒生一生俭朴，常常戴着一顶破旧的毡帽。一次，有个家伙碰见他，嘲笑他说："你脑袋上边的玩意儿是什么东西，能算一顶帽子吗？"

安徒生回答说：“你帽子下边的玩意儿是个什么东西，能算是脑袋吗？”

面对刁难，安徒生反唇相讥，把重音放在"玩意儿"和"脑袋"上，互相照应，令那位没趣者无地自容，半天也回不过神来。

以上两例运用的都是逻辑重音。其实在论辩中，尤其是在赛场论辩中，感情重音的使用也很普遍。

在 1990 年亚洲大专辩论会决赛中，正方中国南京大学代表队和反方台湾大学代表队对垒。辩题是"人类和平共处是一个可能实现的理想"。在程序发言中，反方三辩的辩词是：

"人类最大的悲哀是：说是一回事，做是一回事。2000 年前墨子曾经说过'兼爱非攻'；人类 2000 年来什么时候和平过呢？我们找和平从什么地方找？对方辩友从所谓的开天辟地，混沌之初，人没有战争，原来找到远古，远古去了，现在是有战争的噢！为什么找到远古呢？远古不是没有战争，只是没有记录啊……"

"现实是什么呢？人类爱好和平了吗？经济上的合作可以防止战争吗？最明显的例子'欧佩克'，伊朗和伊拉克打了 8 年，他们合作了吗？所谓中美洲的联盟，洪都拉斯还要为足球打战争，你听说过没有。所谓的欧洲共同体，英国跟爱尔兰还闹种族分裂哩，它们经济合作了，但合作归合作，战争归战争啊！"

这段表白慷慨陈词，多处用到感情重音，把听众的注意力引向了高潮。

对！牛弹琴！

——停顿法

停顿是指词语或语句之间声音上的间歇。停顿既是生理上的需要，也是有效交际的需要。从生理上来说，说话者为了换气和让声带作一短暂休息需要停顿；而从交际的角度来看，为了让对方或听话者听懂一层意思，认识一个事物，也必须有一个从"入乎耳"到"着乎心"的过程，总要让对方有一点点在脑子里"转一转"的时间。通常，一句话之间是否有停顿，在什么地方使用停顿，所表达的意义大不一样，有时甚至意思完全相反。如下例：

"如果孩子没有了父母就没有依靠了。"

这句话有两种停顿方式，如果在"没有了"后停，没有依靠的是父母，如果在"父母"后停，没有依靠的是孩子，意思完全相反。

论辩中巧妙地运用停顿，改变句读，能使表达新意顿增，有出人意料之功效。

有一次，周恩来与谈判对手论辩。在我方义正辞严的雄辩面前，对方理屈词穷，进而恼羞成怒，气急败坏地叫嚷说跟我方讲理是"对牛弹琴"。周恩来听后灵机一动，随口接着说："对！牛弹琴！"

如此一答，同样方字，两样内容，巧妙地把敌方的恶意攻击化作了对他们自身的嘲讽。

在古文言文中，没有标点标示出应有的停顿，巧妙地改变断句或标点，能使语言的停顿、组合关系以及思想内容发生微妙的变化，因此，很

多灵巧之士常用此法大做文章。

有一个小伙子，到友人家做客。因为连续两天，小伙子久久不肯离去。友人很心烦，又不便直说，就写了一张纸条贴在小伙子的门上："下雨天留客，天留我不留。"由于没有打标点，小伙子看后，轻轻一笑，朗声念了起来："下雨天，留客天，留我不？留。"意思与原义正好相悖。

在民间还曾流传着这样一则故事：

有一富翁生性吝啬，一毛不拔。儿子大了，需要读书，他想聘请教书先生，又舍不得多花钱，因此再三讲明他的膳食供给很微薄。可是，当时的一位老先生还是一口应允了。富翁担心以后口说无凭，要老先生写一张合约，老先生写道："无鸡鸭亦可无鱼肉亦可青菜一碟足矣。"富翁一看，理解为"无鸡鸭亦可，无鱼肉亦可，青菜一碟足矣。"于是欣然签了字。

哪知吃第一顿饭时，富翁让佣人端出一碟青菜给老先生下饭，先生说富翁违约："怎么尽是青菜，我们不是约定了'无鸡，鸭亦可；无鱼，肉亦可；青菜一碟，足矣'的吗？"弄得富翁啼笑皆非，连呼上当。

这位教书先生巧用语音的不同停顿，使语义产生不同，巧妙地戏弄了富翁。

你不知道我会干什么

——提问法

埃里森是美国一家电器公司的推销员，有一次，他去拜会一家老客户，想推销一批新型的电动机。一到那家公司，他们的总工程师劈头就说："埃里森，你还指望我们能多买你的发动机吗？"

一了解，原来公司认为刚刚购买的那一批发动机发热超过了正常标准。埃里森知道争辩没有任何好处，他决意取得对方作"是"的反应。

"是的，斯宾斯先生！我的意见和你相同，假如那发动机发热过高，别说买，还应该退货，是吗？"埃里森说。

"是的。"总工程师说。

埃里森说："按标准，发动机可以比室内温度高 70° F，对不对？"

"对的！"总工程师说："但您的产品比这高出很多，难道不是事实吗？"

埃里森并不争辩，他反问道："你们车间里的温度是多少？"

"大约 75° F"。

埃里森兴奋起来，拍拍对方肩膀说："好极啦，车间是 75° F，加上应有的 70° F，一共是 145° F。如果你把手放到 145° F 的热水里，也会把手烫伤呢！"

总工程师点头称是。

埃里森接着说："那么，以后你不要用手去摸发动机了。放心，那完全是正常的。"

结果，埃里森的巧问善诱起到了很大的作用，又做成了第二笔买卖。

论辩中适时适景适度发问，往往能很好地钳制对方，取得主动。我们也要注意，提问是论辩中诱导的关键环节，问得好才可以牵住对方的"鼻子"，把对方引入圈套，导入胡同。

常用的方法有两种：设问和反问。

设问法，是有疑而问，并要对方回答。设问看似提出问题，平常得很，却有着很大的功用。

反问法是一种用否定的问句表达肯定的语意或用肯定的问句表达否定的语意的一种问句形式。论辩中巧妙地运用反诘疑问来论或驳，可以给语言增添一种凌厉逼人之势，使对方措手不及。有的反问，于幽默含蓄中兼

含有讽刺色彩。我们一起来看看下面两例，形象地体会其中妙用。

古希腊哲学家苏格拉底就是使用问句进行辩论战胜论敌的专家。

一次，尤苏戴莫斯告诉苏格拉底，说欺骗、偷窃之类都是不正义的，于是，他们之间展开了一场论辩。

苏：如果在作战时欺骗敌人，怎么样呢？

尤：这都是正义的，不过我说的是我们的朋友。

苏：如果一个将领看到他的军队士气消沉，就欺骗他们说，援军就要来了，以鼓舞他们斗志，我们应该把这种欺骗放在哪一边呢？

尤：我看应该放在正义一边。

苏：又如一个孩子需要服药，却不肯服，父亲就骗他，把药当作饭给他吃，而由于用了这欺骗的方法竟使孩子恢复了健康，这种欺骗的行为又应该放在哪一边呢？"

尤：我看应该放在正义这一边。

苏：又如一个人因为朋友意气沮丧，怕他自杀，把他的剑一类的东西偷去或拿去，这种行为应该放在哪一边呢？"

尤：当然，也应该放在同一边。

苏：就是说，就连对于朋友也不应该在无论什么时候都坦率行事的了？"

尤：的确不是。如果你准许的话，我宁愿收回我已经说过的。

苏格拉底通过巧妙设问，终于使对方的认识有了转变，取得了论辩的胜利。

某年度"香港小姐"评选活动中，男司仪问一名参加角逐的小姐："你旗袍的开衩为什么这么高？"小姐回答："因为越高越接近真理嘛。"司仪又问："小姐，你很迷人，请问，如果此刻大厅里的灯火突然熄灭，你想我会干什么？"小姐答道："先生，怎么只问你会干什么，难道你不知道我会干什么吗？"面对刁钻、格调低下的提问，如果正面回答，无论

如何也难以应付，这位小姐动用巧妙含蓄的反问，收到了彼此都不失体面的奇特效果。

提问技巧在赛场论辩中使用频率很高，它可以成为投向论敌的一枚重型炮弹，发挥出无与伦比的巨大杀伤力。

在 1993 年 8 月 29 日新加坡国际大专辩论会上，复旦大学队与台湾大学队过关斩将，双双进入大决赛，决赛辩论的题目是"人性本善。"复旦大学队持反方。在自由论辩阶段，复旦大学队连续追问，攻其要害，发挥了高超的论辩才能。

比如，他们连续 5 次追问对方立论中的要害："如果人性本善，最初的恶是如何产生的？善是如何结出恶果来的？"对方回避不了这个问题，只能回答："恶是由外在环境引起的。"复旦大学队穷追不舍："如果人性本善，环境的恶又是如何产生的呢？""如果鸡蛋没有缝，苍蝇怎么去叮？人性中没有恶根，世界上何来那么多的恶人？"这些连珠炮般的追问打乱了对方阵脚，以至对方在情急之下竟把荀子和老子的人性论混同起来，并公然指责荀子的理论是错误的。复旦大学队立即反唇相讥："如果你认为荀子错了，荀子就错了，那还需要在座的这些儒学家干吗？场上马上爆发了热烈的掌声。

由于复旦大学队很得体地运用提问技巧，使之发挥出巨大的威力，打乱了对方思绪，使其应接不暇，乱了方寸，最终复旦大学队赢得了辩论的胜利。

问句制敌是一场短兵相接的舌战。它的技巧，主要表现在以下几点：

1.冷静分析，善于提问。发问前要有冷静的分析和科学的预见，以此制定提问策略和方法；每个问题的提出，都应是客观分析，深思熟虑的结果。要做到语气坚定，足能扛鼎；弹无虚发，发则中的；

2.巧用连环，敏于反馈。发问是一种诱导，因而前后的问题要具有连贯性和系统性，每一步都要把对方诱向预定的目标迈进；在发问过程中，

要迅速准确地从对方的答语中掌握其心态、动向，以利于调整策略，取得最后成功。

3.立于端庄，乖于圆适。发问的态度应庄重严肃，从而使自己的语言具有威慑力和感召力。语气运用不可生硬，否则会使对方产生一种抗拒感，从而影响诱导。应该圆适遒劲，平和雅正，尽管一些特殊场合需要锋芒毕露，但仍不可高声呵叱，厉语骂人。

60万只鸡蛋"越过"悬崖

——数字法

当年美国政府决定修建尼亚加拉大瀑布水利工程时，赞成者与反对者争论激烈。有位赞成者运用数字说服对方：

"我们听说在国内有几百万民众是胖手胝足地过着日子，而且憔悴，显得营养不足。他们缺乏面粉来充饥，可是尼亚加拉瀑布，每小时都要无形中消耗掉与25万块面包价值相等的瀑布能量。我们可以想象到：每小时有60万只鸡蛋，越过悬崖，变成一块巨大的鸡蛋饼，跌到湍急的瀑布中，如果从织布机上织下来的白布能够有4000尺宽，它的价值也等于尼亚加拉瀑布所消耗的能量价值一样……这是个多么惊人的巨大消耗啊！对于这个无形的消耗，有人主张拿出一笔款子来利用这一个巨大的水能，想不到竟有人反对！"

赞成者运用数字，浅显易懂，反驳有力。

西方有句格言："数字不会撒谎。"这句话道出了数据具有强大雄辩力量的奥妙。数字在言辩中的巨大作用不仅因为它清楚明白，也因为它说

服力强，表达准确；还取决于数字运用范围广，很少受时空、形式、趋向等外界因素的影响。

论辩中，运用数字表达有时比讲事例说道理来得实在、真切，能在对方心中留下深刻的印象。

论辩中数字运用要准确、恰当，不能含混模糊，忌用"大致"、"大约"、"可能"、"好像是"等引导词。

数字运用宜用整数，不用过长的小数，并且尽量对数字进行形象性的解释。

引用数据时，所引的数据必须准确无误。

数字是真实、精确的，如果剥夺这一性质，让其飘浮于真实之外，则该数字带有一定的欺骗性和虚假性。

在 1993 年首届国际华语大专辩论会上，复旦大学队为了说明艾滋病是一个严重的社会问题，列举了一连串的数据：到 1993 年 5 月底，全世界的艾滋病感染者已达到 1400 万人，患者已达到 250 万人；到 2000 年，感染者将达到 5000 万到 1 亿人，患者将达到 1400 万人。不用更多的说理，这些天文数字已表明，艾滋病已成为当今世界严重的社会问题。

他的生活一直清苦，听人说他家里只有三样摆设：一张床、一张桌、一把凳。

其中的"听人说"大大削弱了数字的力量。

日本侵略军在南京屠杀了 30 万中国人！30 万个人排起来，可以从杭州连到南京！30 万个人的肉体，能堆成两座 37 层高的金陵饭店！30 万人的血，有 1200 吨。形象性的解释，更加强了数字的说服力。

北齐高祖时有一个名叫石动简的人，有一次他去参观国子监，一些经学博士正在辩论，正说到孔子门徒有 72 人，在仕途上能够伸展自己的抱负。石动简插进来问："72 人中，有几个是戴帽子的，有几个是不戴帽子的？"博士说："经书上没记载。"石动简说："先生读书，怎么没有注

意孔子门徒中戴帽子的有 30 个，不戴帽子的有 42 个。"博士问他："根据什么文章？"石动简说："《论语》上说'冠者五六人'，五六三十也；'童子六七人，六七四十二也，一共岂不是 72 人吗？"

石动简这里所引用的数据是没有论证性的。他将《论语》中表示约数的"五六人"、"六七人"曲解为五、六和六、七相乘，这种数据是错误的。

有三个进京赶考的秀才请一老道士算命，卜算此番进京，谁能金榜题名，老道士伸出一指，秀才们很高兴，走了。小道士不解，问老道士："您伸出一指，是什么意思？"老道士解释："他们一共有三人，如果有一个考中，这个指头就表示考中一个；如果有两个考中，就表示落榜一个；要是三个都考中，那就表示一起考中；要是三个都没考中，那就表示一个也考不中。"

这位道士真是耍弄数字的高手，一个"一"字，奇迹般地变化出如此多的答案，显然，这里头有欺骗性。对此，我们要认清其虚伪性，戳穿其把戏。

还有一个办法

——引例法

从前有个年近 40 岁的人去考秀才，他按规定填好本人的相貌册。考官查核到他时，大发雷霆，骂道："你这刁徒，怎敢冒名顶替！相貌册上明明填的是'微须'，按朱夫子的解释，'微须'就是'无须'，而你脸上却明明有些胡须！"考生反驳说："照大人这么说来，那么《孟子·万

章》中所论孔子'微服而过宋'岂不成了孔子脱光衣服，裸体走过宋国，那成何体统？"

"事实胜于雄辩。"在论辩中，为了增强说服力，有时可以引证一些典型事例，使其为辩论的主题服务，深化观点，增强雄辩力量。

大千世界，丰富多彩，作为"万物之灵"的人表现出来的感人事迹是数不胜数的，大到名人领袖，小到百姓平民。在论辩用例时，可以列举一些名人趣事，能收到"权威效应"，也可以举一些发生在身边的让人感到亲切可信的事例，它们具体、生动、实在、说明力强，甚至可以以自己为例，更为真实感人。

阿伯拉罕·林肯是美国第16任总统。一天，他不得已出席在伊利诺伊州布罗明顿召开的报纸编辑大会，会上他发言指出，他自己不是一个编辑，所以他出席这次会议是很不相称的。

为了说明他这次会议最好不出席的理由，他顺便给大家讲了一个有关他自己的小故事：

有一次我遇到了一个骑马的妇女，我停下来往旁边让路，可是她也停了下来，目不转睛地盯着我的面孔看。她说："我现在才相信你是我见过的最丑的人了。"

我说："你大概讲对了，但是我又有什么办法呢？"

她说："当然生就这副丑相是没有办法改变的，但你还是可以待在家里不要出来嘛！"

大家为他的谦逊和幽默哑然失笑。

在论辩时以故事为契机，寓理于事，使人的情绪受到故事情节的感染，产生共鸣，从中不知不觉地受到熏陶，领悟论辩者的思想要旨，受到教育和启迪。因此，在赛场论辩中，事例运用是非常广泛的。

例如，在一次座谈会上，大家就"口才与人才"为题进行讨论，有位参与者口若悬河，雄论滔滔，以高超的口才说服每一个听众：

论辩

古今中外，有无数的演讲家、雄辩家与口才家能说会道，呼风唤雨，为人民服务，为社稷呐喊，他们扎根于广大民众之中，凭借敏捷的思维，犀利的目光，洞察了历史的真谛后，又驾驭了声遏行云的口语艺术，以一言九鼎之力，演说时慷慨激昂，情真意切；论理时鞭辟入里，直陈要害；争辩时激切锋利，快口如刀；交谈时言词精辟，风趣自如；言笑时幽默睿智，妙语连珠。

战国时的苏秦依仗三寸不烂之舌，游说东方六国，身挂六国帅印，促成合纵抗秦联盟；三国时诸葛亮出使东吴，舌战群儒，终于说服吴主孙权和都督周瑜联刘抗曹，大破曹兵于赤壁；戊戌维新中的梁启超面对国难，大声疾呼，唤起民众，投身革命；我们敬爱的周总理多次在谈判桌上以他那闻名世界的"铁嘴"挫败敌人，捍卫了党和国家的利益和尊严；法国大军事家拿破仑也凭其口才，辅其军事，叱咤风云，横扫欧洲；美国总统罗斯福，运用自己的权力与说服力，引导美国人民参加反法西斯的斗争，使美国度过了战争威胁和经济危机的难关；黑人领导马丁·路德·金以演讲为武器，反对种族隔离主义，获得 1964 年诺贝尔和平奖……无数事实证明，口才能发挥出改天换地、惊天动地的巨大作用。口才家那一串晶莹的语言像珍珠撒落在历史的每一个角落，以它尖锐、深刻、凝练、文雅的色彩，折射出蕴藏在人民中的古老而深邃的智慧灵光……

这位参与者引证事例，强化论据，言之凿凿，具有巨大的说服力和感染力。

论辩用例时所要注意的是：引举的实例要与主题密切相关，且运用要恰当、贴切，否则就达不到预期的效果。

千姿百态

——姿态法

在论辩时，论辩者的形体应有活动和变化，构成不同姿态和不同形式，从而表示不同的含义。姿态是感情的"指示器"。德国表演大师吉尔·佩森有次谈演出体会时说："我就靠我的动作、姿态向人们昭示我的内心世界，昭示我的所思所想，昭示我的喜怒哀乐。"

下面介绍不同姿态的含义：

1. 小幅度摇腿或脚表示紧张；

2. 讲到兴奋处，有些人喜欢将一只脚放到另一只脚上；

3. 脚尖的指向度与表达者对辩友的情感有关，如果过于偏，则给人一种"不太热情"之感；

4. 频频把手插入衣袋里给人一种紧张的表现，尤其是拇指向外更不雅观，将两手大拇指呈倒八字形插放有一种威严感；

5. 挺直腰部反映出情绪高昂，充满自信；如果过头，给人一种骄狂之态；

6. 后坐者给人一种老成之感；

7. 凸出腹部表示自信满足，刻意体现有趾高气扬之感；

8. 解开上衣如果不是气候原因，表示自己镇定自若；

9. 轻拍自己腹部，表示自己有风度、雅量；

10. 耸肩或示威吓唬对方，配合摇头或双手动作表示不明白、没办法；之义；

11. 抬头表示遐想、傲慢等，点头表示同意、欣喜、致意、肯定、承认、感谢、应允、满意、认可、理解、顺从；摇头表示否定；侧头表示疑问；歪头行礼表示天真；抱头表示不同意；

12. 垂着头走路表示心事重重；步频较快、轻松表示"春风得意"。

我们来看一则小故事：

乙国外长访问甲国，这位外长十分友好地同甲国总统握手，握毕，总统掏出手帕将右手正反面擦了几遍，然后把手帕收起。

那位外长如法炮制，擦的时间更长，擦毕将手帕狠狠地扔进痰盂。那位狂妄的总统，藐视外长，其无礼，难以复加；外交部长机智应变，来得更绝，有过之而无不及，此处真可谓是"无声胜有声"。

从左到右

——无效回答法

用一些没有信息内容、没有实际意义的话，去做没有实质性的回答，就叫无效回答。

在论辩中，如有不想回答或不便回答、不屑回答的问题，就可以用这种方法。

表面上好像回答了对方问题，实际上没有回答任何问题，让对方抓不到一点把柄。

《吕氏春秋》中记载了庄伯与父亲的这么一则答辩：

那时没有钟表，便以太阳的方位来定时间的早晚。

楚国的柱国庄伯想知道现在是什么时候，就对父亲说：

"你去外面看看太阳。"

"太阳在天上。"

父亲说。

"你看看太阳怎么样了？"

"太阳正圆着呢！"

"你去看看是什么时辰？"

"就是现在这个时候。"

儿子是高官，但父亲毕竟是父亲，面对儿子的不尊重，随意指使，父亲心里不高兴，不愿回答儿子的问题。

在一次记者招待会上，一位日本记者问我国当时的外交部部长陈毅，中国的第三颗原子弹什么时候爆炸。

陈毅巧妙地回答说：

"中国已经爆炸了两颗原子弹，我知道，你也知道，第三颗原子弹可能也要爆炸，何时爆炸，请你等着看公报好了。"

陈毅说了很多话来回答记者，但仔细听就发现，没有任何意义，没有任何信息，这就是无效回答法在外交上的妙用。

有一位打扮时髦的富商妻子，来拜访一位名作家，她问道：

"什么是开始写作的最好方法？"

"从左到右"。

作家回答。

一个终日无所事事的阔太太根本就毫无诚意，作家不屑回答她的问题，用一句没有任何意味的话打发了她。同时，表达了对对方的嘲讽。

看看下面这一则对话，你能看出什么？

甲："小弟弟，你今年几岁了！"

乙："比去年大一岁。"

甲："那你去年几岁啊？"

乙："比今年小一岁。"

甲："你家里有几口人？"

乙："和家里牙刷的数目一样多。"

甲："那你家里牙刷有几把呢？"

乙："每人一把。"

甲："小弟弟，你们学校在哪儿？"

乙："在马路北边。"

甲："是哪一条马路啊？"

乙："校门口南面的那一条。"

小孩回答了所有的问题，答案也没偏差，完全正确，可是甲却什么也没问出来！

我的妹妹比我漂亮

——假话法

在论辩中，为了迷惑论敌，诱敌上当，进而战而胜之，有时也不妨说假话，以取得真话所难以取得的论辩效果。古语说"兵不厌诈"中的"诈"，也包括说假话的意思，那在论辩中此中技巧为巧用假话法。

淳子是齐国稷下的学者，以博闻强记，滑稽善辩而著名。曾经服侍三代的齐王，是一位精明干练的外交专家。

有一天，淳子受到齐王的召见。心想，不知有什么要紧事，进宫一看，原来齐王要他出使楚国，把一只鹄献给楚王。(鹄即是天鹅，又称白鸟)，当时被视为仙人所乘的鸟。

但是，就算只是一只鸟，要想将之从齐国送到楚国，也不是件简单的事。从齐都临淄到楚都郢的路程，起码也要花一个月的时间，不管这只鹄有多珍贵，再怎么说也只不过是一只鸟。所以，当淳子听到出使楚国原来只是为赠送一只鸟时，其心里作何感想，可想而知。

再说，淳子也不是齐王的家臣，而是互为宾主的关系。就算拒绝接受这件差事，也没什么。但淳子却恭敬有礼地接受齐王的委托。

淳子一出齐都，便把最重要的礼物，也就是那只白鸟放生了，光提着空笼子进见楚王，为自己辩解说：

"我是奉齐王之命，为呈献一只鹄而来，但在途中，途经一条河流时，鹄想喝水，所以我就把它从笼子里放出来，结果却让它飞走了。"

我本来是想以死来谢罪，但又怕齐王受天下的谴责，说他竟为一只鸟而逼死一个士人，所以我就没有自杀。

鹄这种鸟其实到处可见，因此我想买一只类似的鸟来代替，但又想到这样做乃是欺君之行为，所以也没有这样做。我曾经也想到，干脆逃亡他国以保命，但是我这样做又怕影响到两国的亲善关系，所以最后还是硬着头皮前来进见大王。

我真该死，任何处罚我都愿意接受。

楚王听完这番话，心中深受感动：

"此人真叫人钦佩！原来齐王属下也有如此忠心耿耿的人啊！"

于是，免其罪，大赏于他！

对于一些为非作歹的坏蛋，有时用假话来制服他们，也能使其气势锐减。

一天，一位十分漂亮的姑娘在马路上走着，在她身后有个青年形影不离地跟随着她。姑娘回过头来，不解地问道：

"你为什么老跟在我后面？"

青年激动地说：

"你太美了，我喜欢你，你是美丽姑娘中最美的一个。"

姑娘嫣然一笑，说：

"谢谢，在我后面走着我的妹妹，她比我美上百倍呢！"

"唉呀，是真的？"

那青年非常高兴，马上调头跑去。

他跑了很久，根本没有姑娘的影子，只看到一个老态龙钟的老太婆蹒跚走来。他知道上当了，又回转身去追那漂亮姑娘，质问道：

"你为什么骗人？"

"不！是你骗了我！如果你是真心喜欢我，就不会跑去追另一个女人了。"

那青年被说得面红耳赤，只好灰溜溜地走了。

这位姑娘巧用假话，揭露了青年的虚伪假心，给了无耻之徒一记有力的"耳光"。

假话在论辩中有时能制服论敌，但是只能以假驳假，切不可以假驳真。

弱者处在困境时迫不得已而使用的谎言，情有可原，切勿乱用假话，辩者需视情况而灵活加以运用。

我有钱

——歧义法

鲁迅在厦门大学任教期间，校方号召开一次专门会议，无理削减了一半经费，遭到了与会人员的反对。校长林文庆不但不予理睬，反而阴阳怪气地说："关于这件事，不能听你们的。学校的经费是有钱人付出的，

只有有钱人，才有发言权。"他刚说完，鲁迅即从口袋里摸出两个银元"啪"的一声拍到桌子上，铿锵有力地说："我有钱，我有发言权。"校长措手不及，哑口无言。这里鲁迅利用"有钱"一词的歧义，巧妙地将对方推入窘境，实现了话语交际的目的。

歧义，是语言中的一种常见现象。论辩中的歧义法是指巧妙地利用语言中的多义词或同义词，在某种特定的情况下，将表示甲义的语言，换过来表示乙义，并使两种意义建立起某种联系，使之产生特殊的意义或感情的论辩方法。歧义法是造成讽刺的有效艺术手段。

歧义的发生，有多种原因，比如一音多字、一字多义、同音谐音、同音异义等，同一句话不同的情景、不同的人物、不同的心态、不同的情绪会有不同的理解。人们在表达观点时应尽量运用调查好的语言形式，以免别人利用歧义，钻了空子。如下例：

有一次，甲与乙打赌，甲说：

"铁锤锤鸡蛋锤不破！"

乙说："锤得破！"

甲说："锤不破！"

他们争来争去，没有结果，于是请来证人，立下条约："铁锤锤鸡蛋，锤不破，乙请·桌酒席；锤破了，甲请一桌酒席。"乙拿来鸡蛋和铁锤，用锤使劲打下去，鸡蛋碎了。

"这不是破了吗？"乙说。

"蛋是破了，可我说的是锤不破啊！"

在"铁锤锤鸡蛋锤不破"这一语句中，第三个"锤"既可以理解成名词，也可以理解成动词，似乎都说得通。甲正是利用这一兼类现象使乙上当。

在特定场合、特殊情况下，如果根据需要有意识地利用歧义，制造歧义，不失为一种机智的论辩艺术。

传说清代海州知州卫哲治为官清廉，铁面无私。而当地富豪洪发云凭

借他与乾隆皇帝的亲戚关系勾结官府，无恶不作，人民怨声载道。对此，卫哲治决心除暴安良，为民除害。他将洪发云的罪恶逐一列举，连同处决洪发云的奏本请人送给乾隆。半个月后，卫哲治被召入京，乾隆说："此事我知道了，洪发云乃出家之人，罢了，罢了。"卫哲治听了，起初心里一惊，待会一想，又十分高兴。回海州后，传令将洪发云用两条犍牛套上铁耙耙死，海州百姓无不拍手称快。

这里，卫哲治利用"罢"和"耙"同音，把乾隆所说的"罢了、罢了"歪解为"耙了，耙了"，为民除害，深得百姓拥戴。

在楼上学跳舞吗？

——委婉含蓄法

有一次，秦王与中期争论，结果秦王输给了中期，秦王因此大怒，决心要杀掉中期。这时，在秦王左右有个和中期要好的人对秦王说：

"中期这个人实在不是个好东西，一点规矩都不懂。他幸好遇到大王这样贤明的君主才能活命。如果遇到桀纣那样的暴君，早就没命了。"

秦王，也就不好加罪于中期了。

话有三说，巧说为佳。中期好友在秦王盛怒之时不直言相劝，而是委婉曲折，表面赞美，实则制止，秦王的火气才得以平息。

委婉含蓄就是在特定的环境下，将不便直说或者是不必直说的话，以隐约闪烁的方式表达出来进而达到表达自己的意见，巧妙说服对方目的的一种方法。这种方法可以避免因直言表达，显露锋芒给对方造成伤害而形成对抗，能够启发人想象和思考，取得共识，从而收到"言有尽而意无

穷，余意尽在不言中"的论辩效果。论辩中，面对敌手的一些负面行为，为了顾全面子，不便直言讳，锋芒毕露，这时只能运用含蓄委婉的语句，以藏其锋芒，避其气势，让对方去琢磨其"弦外之音"、"言外之意。"

1937年，老舍住在冯玉祥家写作。一次，冯玉祥将军的二女儿在楼上跺脚取暖，打扰了老舍在楼下构思作品。吃饭时，老舍笑着对冯二小姐说："你在楼上学什么舞啊？一定是刚从德国学来的滑稽舞吧？"众人大笑。老舍在这里就用了委婉的说服术。他不直接说冯二小姐跺脚打扰了他的构思，而是用"在楼上学什么舞"的婉言来表达自己的本意，这种委婉含蓄的表达方式，使冯二小姐很容易接受。

委婉含蓄的方法首先可用来劝谏，诱导对方。

宋景德元年，寇准入朝宰相。寇准是北宋著名的政治家，他为人正直，思维敏捷，但不注意学习。

寇准的老师张泳知道寇准入朝宰相后，特地赶往京城想提醒寇准加强学习。相聚几日后，张泳向宰相告辞。临别时，寇准问张泳：

"先生，您对我还有什么要指教的？"

张泳沉思一会，意味深长地说：

"《霍光传》不可不读啊！"寇准不明其意，逐回房翻阅《霍光传》，当看到"不学无术"几个字时，寇准笑了，也明白了老师的良苦用心。从此，寇准便发愤学习了。

其次，委婉含蓄法用来讽刺落后，揭露丑恶。

在一次演讲会上，比彻尔振振有词、滔滔不绝地讲着。一个喝得醉醺醺的人在下面故意捣乱，学公鸡叫。比彻尔镇定自若，看了一下表，说：

"怎么回事？难道天要亮了吗？我简直不敢相信，然而低等动物的本能是不会错。"

在这里，演讲家巧用隐含判断，含蓄地批评了捣乱者，使之无地自容。

另外，委婉含蓄法可以用来捍卫正义，保护自身。

論辩

有一次，周总理刚批阅完文件就接受一位美国记者的采访。这位美国记者见周总理放在桌上的是一支美国生产的"派克"钢笔，灵机一动：

"请问总理阁下，你们堂堂中国人，为什么还要用我们美国生产的钢笔呢？"

周总理听后笑了笑，朗声答道：

"提起这支笔，那说来话长了。这是一位朝鲜朋友在抗美战争中的战利品，作为礼物送给我的。无功不受禄，我就想拒绝，但那位朋友一再说，作个纪念，我也觉得有意义，就收下了这支贵国生产的钢笔。"

这位记者听后，窘得面红耳赤，一句话也说不出来。

这位记者关于笔的提问，显然是挑衅，严词驳斥他并不为过。但总理以委婉的语气回敬对方，既含蓄又犀利。

此河非彼河
——相对法

惠施，宋国人，曾任魏国丞相15年，以学问大而闻名，提出"合纵"国策，深得魏王尊宠，甚至相传位于他。后因故被逐出楚国，结识庄周。惠施的著作没有保存下来，现在所说的他的思想主要从《庄子·天下》而来。

惠施的合同异思想，主要集中在《庄子·天下》篇所提"历物十事"中：

太阳刚刚正中，马上又偏斜了；今天才动身到越国去，可是昨天便到了等。

通过十事，惠施认为一切事物都在变动之中，但也有相对的静止，某一事物在一定条件下还没有发生质的变化之前，这一事物还是这一事物，

因而呈现出相对静止。如果否认相对静止状态的存在，就会把运动物体歪曲成瞬息万变，无从捉摸的东西，就会取消事物的物定性、混淆事物之间的区别，导致相对主义的诡辩论。

在西方，公元前 5 世纪，古希腊有个叫克拉底鲁的学者就曾错误理解并否定相对静止，把他老师赫拉克利特提出的：

"人不能再次踏进同一条河流"的命题歪曲为：

"人连一次也不能踏进同一条河流"。

克拉底鲁认为当人们刚要踏入河流时，河流已经变了。因此，他认为世界上一切物质都在运动，万物没有确定性，都是稍纵即变的，完全把赫拉克利特的相对静止论证推翻，使其变为诡辩。

正因为事物有相对静止的一面，有质的相对稳定性，才让我们能够区分不同的事物之间以及一个事物的不同发展阶段。

巧用相对静止法，也是我们进行论辩、反驳论敌的锐利武器。

一个客人来到帽店，拿了一顶帽子。

客人说："帽子小了点。"

老板说："这样刚好！好的帽子戴了以后就会慢慢松一点儿。"

不一会儿，又来了一个顾客，老板递给他一顶帽子，发现帽子大了点儿。

顾客说："帽子大了。"

老板说："这样刚好啊！好的帽子洗洗水就会紧的。"

后来第三个顾客来到帽店，选了一顶帽子，大小正好。

客人说："这顶帽子大小合适。"

老板说："啊！太合适了，不大也不小，好的帽子是决不会走样的。"

这位老板使用了诡辩，同样的帽子，它有质的规定性，而老板却先后有三种不同的说法：一会儿说会大，一会儿说会小，一会儿说不变，否认了作为他的帽子这一事物的相对静止性。

巧妙地运用相对静止法，会给论辩带来意想不到的效果。

压断手掌

——俗语法

俗语是通俗并广泛流行的定形的语句。其中大多数是劳动人民创造出来的，充分反映了人民的生活经验和愿望，简练而形象、生动真切。在论辩时加入俗语，不但可以使论辩幽默风趣，还可以增强说服力。

有一天，永乐皇帝闲来无事，想到江西吉安一带游玩，传下旨意，要吉安知府筑路修桥接驾。

解缙得知此事，认为皇帝每次出巡，挥霍奢侈，百姓劳役，税收陡增。于是连夜写了奏折，翌日上朝，面奏皇上。永乐皇帝一见奏章，大怒：

"解缙，天子出游，乃施恩泽于民间，你为何这般阻挠？"

解缙说：

"皇上息怒，我的上书，实为龙体着想。皇上有所不知，吉安自古有'吉水急水'之称，那里山高无路，唯有从水路走，水急浪大，岂不惊了圣驾？"

永乐皇帝说：

"我让吉安知府造巨舟，岂有镇不住'急水'之理？"

解缙笑道：

"纵有巨舟，却难过峡江县，江西俗语：'峡江峡江，压断手掌'，那里江窄暗礁多，莫说巨舟，就是连竹排也很难通过。"

说着，解缙招了招手，下人捧来一条扁鱼。解缙呈上，说：

"皇上请看，此鱼产生峡江，由于江窄，久而久之，连鱼的身子也压

扁了。"

永乐皇帝一看，信以为真，便取消了游吉安的打算。

解缙在劝谏中用到了江西吉安的一些俗语："吉水急水"、"峡江峡江，压断手掌"等，渲染夸张，耸动视听，让皇帝认为游吉安，吉水是很危险性的，顺利地达到劝谏的目的。

再如：

抗战胜利后的一天，上海的一幢公寓里传出阵阵欢声笑语。

原来，著名画家张大千要返回四川，他的学生糜耕云等人设宴为他饯行，梅兰芳等社会名流都到场作陪。宴会开始时，张大千向梅兰芳敬酒，并说：

"梅先生，你是君子，我是小人，我先敬你一杯！"

众宾客都愣住了，梅兰芳也不解其意，忙微笑着询问：

"此话作何解释？"

张大千笑着朗声答道：

"您是君子——动口，

我是小人——动手！"

满堂来宾一听，笑声不止，东道主也为之捧腹，梅先生更是兴奋，把酒一饮而尽。

宴会气氛一下子活跃起来。

张大千简单的祝酒辞取得很好的效果，主要是因为他在其中加入了一句俗语"君子动口不动手。"

巧用俗语于论辩中，会收到意想不到的效果。

此时无声胜有声

——沉默法

论辩中，如果中断有声语言，就叫沉默。沉默运用在论辩中，也不失为一良法。与对方进行心理战争，由被动转为主动，进而达到制服论敌的目的。

在生活中，碰到强词夺理或恶语伤人的人，如果与之争辩是非，往往只能招致他们变本加厉地胡搅蛮缠，此时，最好的方法就是沉默，让对方不知不觉中自打嘴巴。

一个叫王庄的穷老汉把马拴在路旁的一棵树上。这时一个肥胖的富人路过这里，也把马拴在那一棵树上，王庄说：

"我的马性子烈，拴在一起它会把你的马踢死的，你还是另外找一棵树吧！"

那富人依然我行我素，不当回事，王庄又重复了一遍，富人还是不理睬。一会儿工夫，两匹马果然又踢又咬，富人那匹马很快被踢死了。

"你必须赔我一匹马，一匹上等的好马！"

富人扯着老汉一块去见法官。

"是你的马踢死了他的马吗？"

法官问王庄。

王庄只眨巴眨巴呆滞的双眼，没有吭声。

"你怎么不说话？我问你，是你的马踢死了他的马吗？"

法官提高了声音问。

王庄还是只眨巴眨巴眼睛。

"唉，这就难办了，他原来是个哑巴！"

法官泄气地说。富人立即说：

"不！他是装的，刚才他还跟我讲话"。

"他对你讲什么？"

法官问富人。富人说：

"他对我说，'不要把马和我的马拴在一棵树上，我的马性子烈，会踢死你的马的。'"

这时法官用判决的口气说：

"这么说，是你无理，穷老汉不用赔马！"

法官又转过头来问老汉：

"你为什么刚才不说？"王庄说：

"让他自己把真相告诉你，不是比我说更能让你相信吗？"

运用沉默，可让对方不知我们的底细，无法猜透我们的想法，静静等待对方做出对我们有利的决定。

美国科学家爱迪生发明了发报机之后，因为不熟悉行情，不知道能卖多少钱，便与妻子商量，他妻子说：

"卖2万。"

"2万？太多了吧？"

"我看肯定值2万，要不，你卖时先套套口气，让他先说。"

在与一位美国经纪商进行关于发报机买卖的谈判中，这位商人问到货价，爱迪生总认为2万太高，不好意思说出口，于是沉默不答。商人耐不住了，说：

"那我说个价格吧，10万元，怎么样？"

这真是出乎爱迪生的意料之外，爱迪生当场拍板成交。

无意间的沉默，使谈判收到出人意料的效果，我们再看一例，这例子

里有意运用沉默法，会收到怎样的效果呢？

一位印刷商得知另一家公司要购买他的一台旧印刷机。经过仔细核算，他决定以 250 万元出售，并想好了理由。

谈判开始了，印刷商内心一再叮嘱自己，要沉住气。果然，买主沉不住气，开始滔滔不绝地对机器进行挑剔，然而对这个挑剔的压价术，印刷商仅报以淡淡一笑，仍然一语不发。经过一段时间对持，买主终于按捺不住，从心理上败下阵来说："这样吧！我付 350 万元，但一个子儿也不能多给了。"

沉默法运用恰当，会使论辩有好的效果，如果不分场合，故作高深乱沉默，只会让人觉得矫揉造作。

吃饭没有鱼

——自言自语法

自言自语法是指辩者故作糊涂，装着自己对自己说话，将那些不好直说或有碍面子的话，故意讲给对方听，巧妙地表达自己的意见，从而达到目的。

孟尝君是齐国的贵族，他为了巩固自己的地位，专门招揽人才。

凡是投奔到他门下的，他都收留下来，供养他们。据说，孟尝君门下一共供养了 3000 个门客。

孟尝君当了齐国的相国后，他门下的门客就更多了。他把门客分成几等：

头等的门客出去有车马；

一般的门客吃的有鱼肉；

下等门客，就只能吃粗菜淡饭了。

有个名叫冯某的人，穷苦得活不下去，投到孟尝君门下来做门客。

孟尝君问管事的：

"这个人有什么本领？"

管事的回答说：

"他没有什么本领。"

孟尝君笑着说：

"把他留下吧。"

管事的懂得孟尝君的意思，就把冯某当作下等门客对待。

过了几天，冯某靠着柱子，敲着他的剑哼起歌来：

"长剑呀，咱们回去吧，吃饭没有鱼呀！"

管事的报告孟尝君，孟尝君说：

"给他鱼吃，照一般门客的伙食办吧！"

过了几天，冯某又敲着他的剑唱起来：

"长剑呀，咱们回去吧，出门没有车呀！"

孟尝君听到这个情况，又跟管事的说：

"给他备车，照上等门客一样对待。"

又过了几天，孟尝君又问管事的，那位冯先生还有什么意见。管事的说：

"他又在唱歌了，说什么没有钱养家哩。"

孟尝君问了一下，知道冯某家里有个老娘，就派人给他老娘送了一些吃的穿的。

这样一来，冯某不再唱歌了。

冯某的谦虚被孟尝君误会为无能，只是混饭吃，遭到不公平对待，而他孤傲的性格又不允许自己当面伸手要好的待遇，因此他采用自言自语法，弹剑自唱，故意让人听见，表达了自己的意见，也达到了自己的目的。

借债结婚

——解除戒备法

在论辩过程中，有时有意避开对方的讳忌点，绕道而行，选择对方感兴趣的话题谈起，从而消除对方的敌意和不满，一见时机成熟，话题一转，马上抛出自己真正的命题，当对方跟着你走完一段路程的时候，对方已经不自觉地向你的观点投降了，这样解除对方戒备，能够巧达说服的目的。在运用这种方法时，要注意以下两点：

一是要顺着对方的心理趋势进行论辩。顺着对方的心理趋势，很重要的是以对方的认识基点为起点。不管对方认识如何，它总是一个客观存在。因此，便用此法最忌讳的是一开始就提出分歧观点。

二是要积极主动地表现对对方的认同和肯定。在论辩时，对对方的谈话时表现出来的观点，只要是同意的，就应立即做出表示赞同的反应，但不宜太直接，太露骨。辩者要表现得若无其事，和对方谈些他们感兴趣的事，使自己的诚恳感情渗进对方意识里。要巧妙寻找话题，要适时适度赞美，通过你的发挥，对方与你的共同点得到了强调，有助于抵消对立的情绪。

解除戒备的关键是曲线进攻，迂回取道，拆墙去障，使对方心悦诚服。

有一对青年男子，经过一段时间的恋爱，双方情投意合，决定结为终身伴侣。但在操办婚事上，双方想法不同。女方想体面点，排场些，男方心里不赞成，但不便直言反驳。

这一天，男青年有意识地与女青年进行热情的长谈。

"眼看就要办事了，咱们合计一下，看怎么办才好，得让你满意。"男方先开口。

女方说："对，结婚是人生大事，一辈子就一次嘛，喜酒不能不请。我横算竖算，没有14桌不行。"

男方说："是啊，酒席的标准不能太低。照现在的市价，每桌至少得100元，这1400元酒席钱是省不了的。"

女方又高兴地问道："家具怎么办？总不能让新房一副寒酸相呀！"

男方说："家具是要紧的，佛靠金装，人靠衣装，房间就靠家具摆设了！我们上次看过的那套罗马尼亚进口组合式家具怎么样？浅黄色，时代感强，虽说要5000元一套，但这是百年大计，一辈子的基本建设呀！"

女方说："新房里光有家具也不行，好马配好鞍，家用电器总还要配备一些吧！"

男方说："对，收录机、洗衣机、电视机、电冰箱等都要添置。没有这些怎么能叫现代化家庭呢？这几件有4000元差不多了。"

女方高兴地说："我俩还得做几套衣服。人家小李当新娘，一次酒宴上就换了6套衣服呢！"

男方说："当然要做几套衣服，再加上结婚旅游，岳母的礼物、喜糖、汽车、鞭炮……这些杂七杂八的费用，有2000元差不多了。行了，你算一下，总共需要多少钱？"

女方算了一下回答说："总共1万2千元。"

男方说："好，你再帮我算算，我手底下现有2500元存款，我每月工资加奖金400元。除去补贴父母，伙食费、零用，每月能结余50元，1年积存600元……"

女方说："哎呀，1年600，10年6000……"

男方说："今年我28，再过10年是38岁，你看……要不，咱们先借上债把事办了，结了婚咱俩再一起勒着裤带还债。"

女方沉默了。

男青年趁势诱导说："我看，等到 38 岁再也结婚也不可能，背着债过日子吧，也不会幸福，咱们是不是现实一点，重新考虑考虑？"

女方说："好吧，我听你的。"

这位男青年曲言婉至，姑娘被说服了，改变了初衷。

再看一例：

30 年代，美国费城电气公司的威伯到一个州的乡村去推销用电。他来到一位老太太门前，没想到吃了个"闭门羹"。威伯再次叫门，门勉强开了一条缝，威伯说："对不起打扰您，我这次并不是来推销用电，而是来买几个鸡蛋。"

老太太消除了一些戒备，把门开了一点，探出头来怀疑地望着威伯。

威伯继续说："我看见您喂的多明尼鸡种很漂亮，想买一打新鲜鸡蛋回城。"

听到这些，老太太态度温和了许多，和威伯聊起了鸡蛋的事情。但威伯指着院子里的牛棚说："老太太，我敢打赌，你丈夫养的牛赶不上你养鸡赚钱多。"

老太太被说得心花怒放。长期以来，她丈夫总是不承认这个事实。于是他把威伯视为知己，带他到鸡舍参观。威伯边参观边赞扬老太太养鸡经验丰富，并说，如果能用电灯照射，产的蛋会更多。老太太似乎不那么反感了，反而问威伯，用电是否合算。当然，她得到了圆满的解答。两个星期后，威伯在公司收到了老太太交来的用电申请书。

威伯以迂为直，解除老太太戒备，智取说服成功。

一屋不扫，何以扫天下

——小中见大法

小中见大，是指辩论者善于从高层次上，以其敏感性和洞幽烛微的观察力，从要说的事理中抓住某一个最能反映事物本质的点，触类旁通，引申扩张，从而达到论证自己观点正确，反驳论敌论点荒谬目的的一种论辩方法。

据传东汉时有个人叫陈蕃。有一天他父亲的好友薛勤来访，见他独居一室，室内杂乱，龌龊不堪，当时薛勤便问：

"你这个小孩，怎么不打扫干净房间，来迎接客人呢？"

陈蕃答道："大丈夫活在世上，要干的是轰轰烈烈的事业，扫除天下之不平，哪里会扫除一室之污秽呢？"

薛勤当即反问一句：

"你一间屋子的污秽都不扫除，哪里还能去扫除天下之不平呢？"

薛勤以小见大，从陈蕃懒于扫地这件小事得出不能干大事的结论，切中要害。

运用小中见大法，关键是要注意"小"须有代表性、典型性；要小则实，短则精，细则宏，博则深，片言以居要，一目能传神。只有选中有代表性的"小"，才能"见一叶落而知岁将暮。"

春秋时期，管仲辅佐齐桓公完成霸业。管仲病危时，齐桓公前往看望。齐桓公说：

"你的病看来已经很严重了，你有什么话要吩咐我吗？"

管仲说："我希望你能疏远易牙、竖刁、公子开方、堂巫4人，他们将来对您对国家都很不利。"

齐桓公说："易牙是我的厨师。有一次我信口说，什么山珍海味你都给我尝过了，就是还没有吃过蒸婴儿的味道，结果易牙就把他刚出生不久的第一个儿子蒸给我吃了。他对我这么好，我怎么还要疏远他呢？"

管仲反驳说：

"从人的感情来说，没有哪个人不爱自己的亲生骨肉，而易牙连自己的亲生骨肉都不爱，蒸给别人吃，他对你有什么用呢？"

桓公又说：

"竖刁身为贵族，知道我喜爱宫中生活，他就自己阉割自己来侍奉我。他如此爱我，我怎么还要疏远他呢？"

管仲反驳道：

"人没有哪个不爱惜自己身体的，他竟然自己毁坏自己的身体，他对自己的身体都不爱，他怎能真的对你好呢？"

桓公又说：

"公子开方是卫国人。卫国并不远，可他侍奉我有15年没回去看望自己的双亲，他还不好吗？"

管仲反驳说：

"公子开方连自己的父母都不爱，怎能真正对你好呢？他们都是包藏着不可告人的狼子野心啊！"

桓公终于有所悔悟，答曰："善！"

管仲以其忠臣贤相的敏锐洞察力，通过对易牙、竖刁、公子开方等人的几个生活片断的精辟分析，剥开了他们的伪装，识破了他们的韬晦之计，预测了事物的必然发展趋势，做了一番精彩的论辩，具有一定的说服力量。

不是农民，就是毛驴

——破绽法

论辩场上，唇枪舌剑，你来我往，难免会犯一些错误，存在一些纰漏，产生一些破绽，机智者常常可及时捕捉住对方的破绽，给以有力的回击，这是展示言辩者知识水平，理论功底，逻辑能力与语言技巧的最佳时机。

例如：1993年8月的新加坡国际大专辩论赛中，复旦大学与悉尼大学对垒，辩题是："艾滋病是医学问题，不是社会问题。"悉尼大学是正方，复旦大学队是反方。开始，双方你来我往，势均力敌，难分胜负。这时，复旦大学队的二辩问了对方一个问题：

"请问对方，今年世界艾滋病日的口号是什么？"对方四位辩手面面相觑，瞎猜一气，错误应答。复旦大学队立即马上纠正，并巧妙引开：

"错了，今年艾滋病的口号是'行动起来，时不我待'，对方辩友连这都不知道，难怪谈起艾滋病来这么不紧不慢的啊！"

这一招，在对方的阵地上打开了一个缺口，从而瓦解了对方的阵线。

在辩论中，一方面要守住阵地，稳扎稳打，不能贪图一时之利口不择言，言语出错，给对方以可乘之机；另一方面又要洗耳恭听，捕捉对方的言语、逻辑错误，一有机会，立即盯住，穷追猛打。

毛拉去集市买毛驴，卖驴的地方挤满了乡下来的农民。有个衣冠楚楚的人经过那里，说道："这个地方不是农民，就是毛驴。"

毛拉听了，上去问那人道：

"先生，您准是农民了？"

"不，我不是农民。"

"那你是什么呢？"

"……"

毛拉抓住对方口误，及时予以回击，几声追问，使得对方窘态百出。

在论辩过程中，常见一些有经验的辩者巧设圈套，让对方露出破绽，出现常识错误，在其阵地上打开缺口，从而瓦解其坚固阵地。

有一个这样的例子：

在一个黑暗的夏夜，一个衣服湿透的人跑到刑警大队，向侦察员李翔报案：

"刚才我走到一座桥上，被一样东西碰了一下，跌到了河里，幸好我会游泳，一会儿就爬上岸。走到桥上仔细一瞧，那东西原来是个人，脖子上有两条伤口，浑身是血。我摸摸他的身子，还有点微温，估计他被害不久，我就赶来报案了。"

"你怎么知道他脖子上有两个伤口？"李翔接着问。

"我从衣袋里摸出火柴划亮一瞧……"

"别说了，杀人凶手就是你！"李翔厉声说。

这个例子中，罪犯使用贼喊捉贼的伎俩，企图嫁祸于人，为自己开脱罪责。但他还是露出了狐狸尾巴，这是因为，他先说跌入河中（口袋里的火柴就会湿透划不着），后来他又说划亮了火柴看见两道伤口，这是互相矛盾的。由此可见报案人就是凶手，侦察员抓住对方的破绽，主动出击，一举置对方于死地。

狐假虎威

——层层递进法

层层递进作为论辩技巧是指论辩要有层次性。不论论或辩、攻或防，都要像剥竹笋一样，一层又一层，由浅入深，由表及里，层层递进，步步深入。

层层递进必须准确掌握对方生理，主动出击，从对方比较容易接受的观点着手，因势利导，层层深入展开论辩。

在使用层层递进法时，要注意"层层"，即一定要循序渐进，不要省去中间环节，不要跳跃式递进。其次，还要注意"递进"，所谈之事，虽可谓漫无边际，但要由小到大，由浅入深，始终向实质性问题这个方向靠近，不可偏离。

请看生活中的一场小论辩。

两位妇女在弄堂口争吵，各不相让，异常激烈。

甲说：

"我男人好坏还是个科长！你男人是什么东西？扫垃圾的！你做扫垃圾的老婆有什么光彩？你不害臊，我倒替你害臊哪！"

乙反驳：

"大家听见了，男人当个科长，就爬到老百姓头上拉屎了，要是当个局长，部长呢？那可要张开血口吃人喽？你男人就是老虎，你也不过是只狐狸，狐假虎威才害臊呢！我男人扫垃圾，为人民服务，光荣得很。"

面对甲的无理取闹，荒谬论点，乙理直气壮，步步深入，气势逼人，

使甲心智皆颓，威风扫地。

齐宣王时期，齐宣王不会治国，孟子曾运用层层递进巧妙地向王谏言：

孟子说：

"假如你有一个臣子把妻子、儿子托付给朋友照顾，自己到楚国去了，等他回来时，他的妻儿却在挨饿、受冻，对这样的朋友该怎么办呢？"

王答："和他绝交？"

孟子说：

"假若管刑罚的长官不能管理他的部下，那该怎么办？"

王答："撤掉他！"

孟子又问：

"假如一个国家里政治搞得不好，那又该怎么办呢？"

王这时只好"顾左右而言他"了。

对国王进谏，直来直去效果不会太好，孟子由小至大，由远至近，由轻至重，逐渐触及论题本质，结果使得齐王无言以对，只好岔开话题。

战国时期，齐威王有个怪癖——长夜喝酒放歌，每当夜幕降临，星月争辉的时候，他都喝得酩酊大醉。这样混混沌沌地过日子，朝政一片昏乱。淳于髡总想找个机会，劝说王彻底转变过来。

这天，齐威王大摆宴席，席间邀淳于髡陪酒。淳于髡认为机会来了。

席间，齐威王端起酒杯问他："先生能喝多少酒才醉？"

淳于髡说："臣喝一斗也醉，喝一石也醉"。

齐威王不解地问："喝一斗就醉的酒量，怎能喝上一石？"

淳于髡说：

"您在前面赐我佳肴美酒，却命法官紧紧盯住我。我哆哆嗦嗦地在那里趴着喝酒，顶多喝一斗就成烂泥了。可是如果碰上尊敬的客人，我捲起袖子，笑吟吟地给客人敬酒，我能喝上它二斗；如果老友重逢，话题如丝，我能喝五六斗；如果乡里乡亲地聚集在一席，男女倾谈，喝酒行令，

我即使喝上八斗，可能也不过醉个二三分，如果喝到傍晚，酒快喝光了，大家又把剩余的酒聚到一起，助兴让我喝，我那时就会喝得酩酊大醉，也就会失礼了——搞得杯盘狼藉，语言混乱，甚至男女互相踩着对方的脚，这就叫作酒极生乱，乐极生悲啊……而世间的万事万物，也都是一样的道理啊！"

淳于髡从小到大，由物及人，层层比喻，步步紧逼，最终使齐威王很受教益。

使用层层递进法应根据论辩的需要而定：若开门见山难以奏效，可考虑采用此法，若单刀直入可以取胜，就不必使用此术，免得绕来绕去，使人半天不得要领。

孩子，你知道是谁给你让座吗？

——暗示法

马克思与燕妮在未明确关系时，早已相知很久，但一直没有表白心迹。一天黄昏，他俩又相约于摩泽河畔的草坪上，马克思决心这次向燕妮求爱。他对燕妮说："燕妮，我想告诉你，我爱上了一个人，准备向她求婚，但是不知她是否同意？"

燕妮知道这个"她"就是自己，但仍然反问："是吗？那是谁？"

马克思说："我这里有一张她的像，你想看看吗？"

燕妮点点头，于是马克思拿出一只精制的小木匣递过去。燕妮接过来，双手颤抖地打开，里面没有像，只有一面镜子，镜子里正好映出燕妮羞红的脸庞。

两人之间朦胧的爱情面纱就这样巧妙地拉开了，燕妮幸福地接受了马克思的求爱。

在说辩之中，不鲜明地表示观点，而用含蓄的言语或示意的动作使人领会其意，这就是曲折暗示。暗示，是一种信号化的刺激。通过向对方发出某种信息，以此来影响对方心理，使其在自觉与不自觉中表明心迹，吐露心声。

暗示有一定的隐含性，但指向目标一般比较明确，运用此法可以巧妙地展示自己的所思所想，对方也易接受理解。

宋太祖赵匡胤曾答应任张思光为司徒通史，张思光非常高兴，一直引颈企望宋太祖颁布任命，但宋太祖那里始终没有动静。张思光等得不耐烦，便想出了一个办法。

一天，张思光故意骑着一匹瘦马去晋见宋太祖，宋太祖果然觉得奇怪，便问他："你的马很瘦，你一天喂多少饲料给它呢？"

"一天一石"。张思光回答说。

"不少啊，可是每天喂一石怎么这么瘦啊？"

"我是答应每天喂它一石啊！但是实际上并没有给它吃这么多，它当然会这么瘦了！"

宋太祖听后哈哈大笑，他明白了张思光的意思，马上任命他为司徒通史。

向皇上提出要求，当然难以启齿。张思光巧妙地托物暗示，向宋太祖传出信号，达到了预期的目的。

由于暗示往往是点到为止，并不说透，让对方去思考，从中领会含义。有些时候，遇到某些事，不好正面说、直说，就可以从侧面说，反面说，间接说，这可收到较好的说服、批评、教育的效果。

公共汽车上很拥挤。一个抱着孩子提着包的妇女挤上了车，一位青年看见她这种情况连忙主动让座。妇女气喘吁吁，又要顾孩子，又要顾包

袄，竟忘了道谢，让座的青年有些不高兴。售票员见状，摸着那小孩的脸说"多可爱的孩子，你知道谁给你让的座位吗？"那妇女猛醒，连忙向那位让座的青年道谢。

售票员巧用暗示，一语点破，妇女在理会其意后赶忙向青年道谢，圆满结局。

有时也可以用事件的原因来暗示。

唐德宗时，大将刘玄佐屡立战功，性情豪爽。他在镇守汴州时，有人向他进谗言，说军将翟行恭如何如何。玄佐一听就火了，立即要杀掉翟行恭，没有人敢为翟行恭辩解。这时，有个叫郑涉的士人听说了这件事，马上要求见玄佐。

他对玄佐说：

"听说翟行恭已依法受刑，请将尸首让我看一看。"

刘玄佐听了非常奇怪，就问为什么要看尸首。郑涉回答说：

"过去我曾听人家说，冤死的人面容异常。可是我从来没有见过，所以想借来看一看。"

郑涉利用这个理由暗示刘玄佐，刘玄佐省悟过来，令人把翟行恭放了。

吃饺子与百花齐放

——暗度陈仓法

"明修栈道，暗度陈仓"是有名的兵家谋略之一。

在论辩时，我们表面承认或者回避对方的论点，分散对方的注意力，再迂回反击，将对方的观点驳回，让对方在不知不觉中败北。

有一次外交谈判：

甲方：

"我们的意图是使下次会议能在纽约召开，不知贵政府以为如何？"

乙方：

"贵国的饭的味道不好，特别是我上次去住的那个旅馆更糟糕。"

甲方：

"那么您觉得我今天用来招待您的法国小吃味道如何？"

乙方：

"还算可以，不过我更喜欢吃英国饭。"

乙方巧妙地使用"暗度陈仓法"向甲方表现自己希望在英国召开这次会议的想法。

某文物商店，一位外客在一幅古画前留恋驻足。

一位老店员用流利的外语和他交谈，把作品中的诗情画意介绍得引人入胜，外宾兴味盎然，为之录音。

谁料老店员呷了一口茶，坦然地说，不过这幅不是真品，而是仿制品，外宾为之一惊，大失所望。那位老店员话锋一转：

"真品只有一幅，为国家所珍藏，仿制者为原作者的得意门生，不但假可乱真，还仿中有创，用中国的一句名言，叫作'青出于蓝而胜于蓝'，何况仿制者本人是高手，他自己的作品也是艺术珍品。"

然后，老店员介绍了仿制者的生平和轶闻，外宾转慎为喜，连连称赞"诚实"。欣然花数千元将画购去。

如果老店员一开始就说："这是一幅仿制画，不过仿制得很好。"你想想这生意有那么容易谈成吗？其中加入了"暗度陈仓法"效果就不同了。

1957 年 11 月，毛泽东主席访问莫斯科。在赫鲁晓夫第二次陪毛泽东进餐时，赫鲁晓夫首先提出中苏关系的有关问题。毛泽东用筷子指着饺子说：

"苏联吃饺子，中国也吃饺子，这是我们的共同点，我们还要加强联系，乌兰巴托铁路是苏联对我们的无私援助，但我们真正需要的是从北京向西北穿越群山，通向哈萨克的铁路，这对我们双方都有益。"

赫鲁晓夫眨眨眼，想到这个要求也许是换取中共支持苏共"二十大"路线的代价。但他深知毛泽东虽高度灵活，却又有高度原则。即便一时让步，将来还会有麻烦。何况这条铁路要削山跨海，代价太高了。想了想，他表示愿意通过哈萨克再开一条路到中国。

毛泽东已在吃饺子了，他未能及时表态。待毛泽东咽下饺子后，说出口的话已是询问赫鲁晓夫对"百花齐放"口号的看法了。赫鲁晓夫回答说，他以为花是各种各样的——有美丽的花，丑恶的花，甚至是毒花，对有毒的花要掐死。

毛泽东微笑着说：

"对有毒的花我们不掐死，留着做反面教材嘛！"

赫鲁晓夫颤动了一下，他不失精明，但还是不知不觉中了圈套，与毛泽东一道论证了"从各国实际情况出发"，不强于人的观点——即"通过哈萨克再开一条路到北京"，这不适合中国的国情。

国王欠我金子

——两难法

从前有个皇帝向全国宣布说："如果有人能说出一件十分荒唐的事，让我说出这是谎话，那我就把我的一半江山分给他。"人们闻讯，纷纷来到王宫，说了各种弥天大谎，结果都被皇帝一一驳回。这天，一个农民挟

着一个斗，来到皇帝眼前，说："万岁欠我一斗金子，我是来拿金子的。"皇帝很恼怒，说："一斗金子？我什么时候欠的？撒谎！"农民不慌不忙地说："既然是谎话，那就给我一半江山吧！"皇帝急忙信口说："不！不！这不是谎话。"农民笑着说："那就给我一斗金子吧！"

这个农民巧用两难，各路设卡，皇帝说是谎话或不是谎话都感到为难，终于使得皇帝进退两难。

两难法，是指穷尽所有可能（通常是两种可能），令对手无论承认哪一种可能都必然失败的论辩方法。运用两难法，常常令对手进退不得。两难法在日常论辩实践中使用的频率很高，但很多人在运用此法时没有达到自觉的程度，故而不严密，不规范，易遭反驳。正确地运用这种方法要尽可能地把握介入论辩中的各种信息以及对方较为全面的思想观点，凭借快速的综合能力，抓住要害布置好严密的埋伏圈。

两难制敌术是一种神奇的雄辩绝招，有些诡辩者往往用错误的两难来发难，对此要巧妙破解。

有位医生接到请他去出诊的电话，他不愿意去，就这样回答对方：

"如果病人病重，那么我去也不能解决问题，应该送医院；如果病人病轻，那么请病人来看门诊，所以我不必去了。"

这位医生运用二难术搪塞病人，但他的论证前提中的条件命题是虚假的（因为病重，医生去了并不非不能解决问题）。

让我们再来看一例，了解一下如何巧妙破解虚假两难术——造一个相反的两难式：

古希腊著名律师普洛塔哥拉斯有个学生叫爱瓦梯尔，师生商定学费分两期交付，第二期学费规定在爱瓦梯尔出庭第一次胜诉之后交付。爱瓦梯尔毕业后改行没当律师，也就没有机会出庭，所以普洛塔哥拉斯第二期学费始终收不回来。普洛塔哥拉斯只好向法院起诉，要求爱瓦梯尔付款。对此爱瓦梯尔很生气说："如果我胜诉，按法庭判决不应付款；如果我败

诉，那么依我们商定的条件不应付款，所以我或胜诉或败诉，我都不应当付款。"

对此，普洛塔哥拉斯用相反的两难回答把对方的两难式破除了。他说：

"如果你胜诉，就应当按照商定条件付款；如果你败诉，则必须按法院判决付款。你或胜诉或败诉，都应当付款。"

两难法实际上是以两个条例命题和一个析取命题为前提进行推演的诡辩方法。

因此，正确地运用两难法要注意以下几点：

1. 前提中条件命题必须真实；

2. 析取命题必须将某个方面的情况列举完全；

3. 必须遵守条件命题、析取命题的有关推演规则。

2斤8两

——虚实相克法

以虚克实是虚实相克法的一种，除此以外，还有以实克虚、以虚克虚。

有个地主在年终时问长工："我的头有几斤？如果答不出来，就扣发一年的工钱。"

"你的头正好2斤7两！"

地主脸色一变："不对！2斤8两！"

长工拿来刀和秤说："你的头就是2斤7两，一点不多，一点不少。不信就砍下来称一下。"说着举起刀准备往地主的脖子上砍去。

地主赶紧说："别砍，别砍！是2斤7两。"

地主的头重量是多少是可以验证的，但要验证地主就得丢掉脑袋，因而他只好放弃争辩，承认失败。此例是以实克虚。

在莎士比亚《威尼斯商人》剧中，论述了鲍西娅巧用计谋战胜夏洛克的故事。

安东尼奥借了夏洛克3000金印，夏洛克为了报复安东尼奥，提出条件：如果到期还不上，就从安东尼奥身上割下1磅肉，狠毒的夏洛克还要安东尼奥立下借据为凭。借期到，安东尼奥无力偿还夏洛克的钱，夏洛克执意要从安东尼奥身上割下1磅肉，并告到法院。

这时，鲍西娅扮成律师为安东尼奥辩护，她对夏洛克说："你得请一位外科大夫，免得他流血过多，送了命。"夏洛克非要置安东尼奥于死地不可。他说："借据上没有这一条。"鲍西娅说："这借约上写的是给你1磅肉，可没有写给你血，这说明割1磅肉时不能出一滴血。另外，割的肉，不能多于1磅，不能少于1磅，否则都是违反契约的，那将受到法律的制裁。"夏洛克左右为难，只得作罢。

这里鲍西娅运用了以虚克实的方法制服了夏洛克。

"1磅肉"是一个很实在的概念，割肉时如果不多不少，不出血地正好割下1磅，那是不可能的，无论如何都会出现意外，而这"意外"是虚的，而这虚的总会存在。以虚克实使夏洛克陷入了进退两难的境地。

下面我们再看看以虚克虚法。

生活中，有些人故意刁难别人，凭空虚构一个虚假的命题，让人左右为难，为此，我们也如法炮制，虚构出相应的"虚"与之对抗。

阿凡提开了个小染坊，巴依很想刁难他一下。这天，巴依来染布，对阿凡提说：

"阿凡提，我染的颜色普通极了，它不是红的，不是蓝的，不是黑的，也不是白的，不是绿的，不是黄的，也不是青的，你明白了吗？"

阿凡提说："我明白了，我一定照办。"

"那么，我哪一天来取咧？"

"你就那一天来吧！不是星期一，也不是星期二，也不是星期三和星期四，也不是星期五和星期六，更不是星期日，巴依，你知道了吗？"

巴依哑口无言。

巴依染布否定了所有的颜色，是一个"虚"概念；阿凡提以牙还牙，排除来取染布的任何一天，也是一个"虚"概念，以虚制虚，令巴依无言以答。

死了还是家中人

——反诘疑难法

论辩中巧妙地运用反诘疑难法来论或驳，让人防不胜防，自动进入圈套。

田巴是古代有名的演说家。

田巴有个徒弟叫禽滑厘，一天外出，迎面碰到一个老婆婆。老婆婆很客气地向禽滑厘施了个礼，请教道：

"你是田老先生的弟子吧？我猜想你一定跟你老师学了不少东西，我有一个问题，想来想去总想不明白。你能开导开导我吗？"

禽滑厘很爽快地说：

"不用客气，请讲。"

老婆婆说：

"马的鬃毛是向上长的，都长得比较短。马的尾巴呢，向下长，都长

得比较长。请问这是什么原因呢？"

禽滑厘笑了笑：

"嗨，我当是什么问题呢，这太简单了。马鬃长势向上，这冲撞了老天爷，老天爷就不许它长得太长。世界上的东西会是这样，向上的总长得短，向下的总长得长。"

老婆婆说：

"是呀，我也这么想过呢，可人的头发不是向上长的吗？为啥那么长呢？"人的胡须是向下长的，为啥反不如头发长得长呢？"

"这，这，咳，老妈妈，这一点老师还没教我呢！不过，你等等，我问问老师再告诉您。"

禽滑厘向老师讲了自己是怎么回答马鬃短尾巴长这个问题的。田巴挺高兴，说：

"答得好，真是妙极了！不愧是我的弟子。"

"可是"，禽滑厘说：

"她又问向上长的头发为什么比向下长的胡须更长，老师，该怎么回答呢？"

田巴手指捻着胡须，皱着眉沉思起来。可越沉思那眉头皱得越紧。直到把胡子捻断了好几根，他才抬起头来，生气地冲着禽滑厘说：

"我常叫你们好好在家读书，没事不要随便出去，你怎么老不听我的话呢？"

看来，在老婆婆的反诘疑难面前，有名的演说家也只能甘拜下风。

四川泸州某养殖场向贵州某孵化厂订购一批良种鸭仔，双方议定价格后签订了合同。合同规定：

由卖方代办运输，货到后如数付款。

不料卖方在运货途中管理不善，致使这些鸭仔在中途死去几千只。由于合同上未提及损耗之事，卖方便借机要买方报损，死鸭活鸭一块儿如数

付款。买方经办人自然不依，说：

"我们是养殖场，不是烤鸭店，死鸭仔怎能要活鸭仔钱？"

卖方说：

"合同上不是说货到如数付款吗？难道死鸭仔不是鸭仔？"

这么一问，倒把买方说话人问僵了，一时没了词。正在这时，该养殖场场长走了过去，笑着朝卖方那位说话人说：

"哎，同志，请问你家几口人？"

"5口，"对方脱口回答道。

"哪5口？"场长又问了一句。

"一老母，夫妻俩，俩孩子。""你问这个干什么？"

"你父亲，祖父母呢？"

"早死了。"

"难道死了就不是你家中的人了吗？"

"唔？……"

对方一听，自知理亏，只好承担损失，一场干戈就此平息了。

出其不意，让人无话可答，这种方法就是反诘疑难。

作诗骂畜生

——诗词应答法

在论辩中，利用诗词等形式进行论辩的方法叫诗词应答法。

由于诗词具有强烈的激情、奇特的想象、精练的语言、鲜明的节奏，因此在论辩中适当地运用诗词应答法，可使我们的论辩产生巨大的感人

力量。

要很好地运用诗词应答法，必须要有深厚的文学功底，能做到即兴赋诗。

下面我们通过两则事例，来看看别人是怎样使用的：

有一天，朝廷召集李白第一班翰林学士赋试唱和，李白推说身体有病不肯吟诗。皇帝的舅子杨国忠便搬弄是非道：

"曹子建七步成诗，李翰林作诗驰名，如能像曹子建那样，我定五体投地！"

李白说：

"作得出来又怎样？你赌什么？"

杨国忠说：

"我出题，只要你李翰林七步成诗，圣上和在场各位称好，我就输半帑金银与你。天子面前无戏言！"

帑是钱库，拿半库金银打赌，就连皇帝也皱起了眉头，李白趁机便说：

"那好，请国舅出题吧！"

杨国忠说：

"就以'天子面前无戏言'为起句，你作诗吧！"

李白随即起步吟道：

"天子面前无戏言，

半帑金银重如山；

国舅不会点金术，

何来家私万万千？"

一首七言诗吟罢，李白只迈进三步半，在场众人齐声喝彩：

"好诗！"

这时，李白又起步吟出七言诗一首，博得众人更高声的喝彩：

"李白出身最寒微，

家徒四壁少吃穿；

赢得国舅不赊欠，

天子面前无戏言。"

没容杨国忠开口，李白要起账来了。杨国忠窘得恨不得地下裂开一条缝，好立刻钻进去。

李白不愧是一代诗圣，曹子建七步成诗一首，李白却七步成诗两首，而且语带双关，让国舅无地自容。

明代文学家解缙小的时候，有一天，春雨绵绵，放学后，解缙冒雨回家，走在土地庙前，不慎滑倒。

这时，有两个老乡绅正在庙门口下棋，看到解缙被摔得满身泥水，幸灾乐祸，不禁捧腹大笑。解缙从地上爬起来，见这两个鱼肉乡里的老家伙正对着自己狂笑，非常气愤，便朗声念道：

"春风伴春雨，

水流满街泥，

摔倒大官人，

笑煞两匹驴。"

这两位听了，羞得脸红脖子粗，便气急败坏地斥责说：

"老夫下棋，笑的是一个不敢过河的卒子，你乳臭未除，怎么作诗骂人？"

解缙笑着再念道：

"既然没笑我，

怎么我骂你，

作诗骂畜生，

尔辈何心虚？"

两人面面相觑，无言以对。

在委婉曲折的诗句中表现出对论敌更强烈的嘲讽与谴责，这就是诗词应答的好处。

雷鸣之后必有大雨

——类比法

在客观世界中，任何事物都有着与其他事物不同的独特的个性特性，也有着与其他事物相同或相似的属性。类比推论就是在考察两类事物某些相同或相似属性的基础上，推断出另外的属性也相同或相似的论辩方法。这种方法灵活、机动、变幻无穷。

在论辩中，类比是针对对方存在的问题，采取与之相似或相对的事物启发对方的觉悟，使之幡然改进的方法。可以说，类比是"鉴别剂"，世间万物都有对比物，这样才能显示出各自的特性，长短相形，高下相倾，正义与邪恶，英勇与怯懦，泾渭分明；同时，类比又是"催化剂"，通过类比，找出差距，寻找改进的方法与道路。

古希腊哲学家苏格拉底的妻子是个有名的悍妇，动则对丈夫大骂不已。有一次妻子大发雷霆，当头泼了苏格拉底一盆脏水。苏格拉底无可奈何，诙谐地说："雷鸣之后免不了一场大雨"。别人嘲笑他说："你不是最有智慧的哲学家么？怎么连老婆都挑不好？"他回答："善于驯马的人宁肯挑选悍马、烈马作为自己的训练对象。若能控制悍马、烈马，其他的马也就不在话下了。你们想，如果我能忍受她，还有什么人不能忍受的呢？"

面对嘲笑者的刁钻，苏格拉底机敏地应用类比手法，十分精彩地为自己作了辩白，展示了自己的语言技巧与智慧。

在一次国际笔会上，西方人士问我国作家陆文夫："陆先生，你们东方人对性文学怎么看？"陆文夫没有直接回答，清了清嗓子："西方朋友接受客人礼盒时，往往当着客人的面就打开看，而我们东方人则相反，一般要等到客人离开后才打开盒子。"

作家巧用类比，含蓄幽默地回答了对方的提问。

在使用类比法要注意，类比推论的结果并不是必然的，而是偶然的。这就难免导致一些虚假的结论。有些论辩者往往利用这种现象进行机械诡辩。我们看下面一段对话：

儒士张倬与僧人辩论。僧人宣称："儒教虽正，却不如佛学玄妙，我们僧人能读儒教的书，你们却不能通晓佛家的经典。"

张倬回答道："不对吧，比如饮食，人可以吃的狗也能吃，狗可以吃的，人却决不能去吃了。"

使用类比推论时要注意以下三点问题：

1. 它并非战略性方法，只是一种战术技巧，如果一味地使用这种方法，则会影响整个表达效果，运用时要恰到好处；

2. 进行类比推论时，须注意把握两个对象之间的关系，其联系程度越紧密越好，两个对象之间的属性关系越贴近越好，这样才能使论辩中的观点富有论证性和增加说服力；

3. 不能以对象表面上某些相同或相似的情况作为推论的根据，否则会出现："机械类比"的错误，使得论辩缺少力度，给对方提供把柄，从而造成失利。

流行感冒也高尚？

——归谬法

归谬法是将对方的话归之于某个站不住脚的原理，然后从这个原理中推导出明显的荒谬结论，放大其错误，从而否定对方论题。我们看下面这几则实例。

有一家家里有人去世，居丧期间，偶然吃了一餐红米饭，有人对此发表议论：

"家里死了人是不能吃红米饭的，因为红色是喜色。"

这家主人反驳道："难道吃白米饭的就是家里死了人吗？"

有一天，有个地主在家里喝酒。正喝得高兴的时候，酒壶里没酒了，他连忙喊来长工去给他打酒。

长工接过酒壶问："酒钱呢？"地主很不高兴地瞪了长工一眼："有钱才打酒算什么本事？"

长工拿着酒壶默默地走了。过了一会儿，长工端着酒壶回来了，地主暗自高兴，接过酒壶一看，壶是空的。地主冲长工喊："怎么没有酒？"这时长工不慌不忙地回答道："壶里有酒能倒出酒来算什么本事？"

长工为了反驳地主的观点，先假设地主的观点是正确的，然后由此推出一个新的观点，给地主以沉重的打击。

归谬法在论辩中如果运用得好，一般能发挥一锤定音的功效。运用时关键在于大脑反应快，能迅速明确对方话中的原理，并由此推出一个符合这个原理的荒谬事例。

归谬反驳的关键是要选择好进攻点，寻找出对方论题中最荒谬的论点作为突破口，把对方荒谬的论点展开推理，使其结果更为荒谬。

美国独立战争胜利后，有一条法律条文规定：当选议员的人至少要拥有30美元的财产资格。政治家和科学家富兰克林反对这一条文。他驳斥说："想当议员的人须有30美元以上的财产资格，可不可以理解为这样：我有一头驴，它恰值30美元，因为拥有它，我当上了议员。可一年后，我的驴死了，我的议员资格也就没有了。请问，这究竟是谁在当议员？是作为人的我，还是作为驴的代理人在当议员？"

把驴这个蠢货与神圣的法律条文扯在一起，很绝，暗示了这个法律条文的制定者和驴一样蠢。如果这一条文的荒谬性不易直接得以洞见的话，通过归谬，得出了议员竟成了驴的代理人，其错谬则暴露无遗。

有一次，俄国著名作家赫尔岑应朋友之邀，去参加一个音乐会。可音乐会的节目才演不久，赫尔岑就十分厌烦地用双手捂住耳朵，打起瞌睡来了。这时，女主人对赫尔岑的举动感到奇怪，便推了赫尔岑一下，问他："先生你不喜欢音乐吗？"赫尔岑摇摇头，指着演奏的地方说："这种低级轻佻的音乐有什么好听的！"

女主人惊叫起来，对赫尔岑说："你说什么呀？这里演奏的都是流行的乐曲呀！"

赫尔岑心平气和地反问女主人："难道流行的东西都是高尚的吗？"

女主人对赫尔岑的反问不以为然，不服气地说："不高尚的东西怎么会流行？"

赫尔岑听了这话，风趣地对女主人说："那么，流行感冒也是高尚的了？"

赫尔岑在这里将女主人"只有高尚的东西才能流行"的谬论进一步渲染，作为进攻点，并以此推出了令女主人无话可说的"流行感冒也是高尚的"谬论，使其荒唐之处暴露无遗。

想当年……
——历史借鉴法

历史常常有惊人的相似之处，如果在论辩或劝导时，先不直接涉及主题，而是列举以前发生过的有影响的类似事件，用来论证自己的观点正确，使论敌放弃其错误主张，让论辩事半功倍的方法叫历史借鉴法。

第二次世界大战期间，美国的一批科学家要试制原子弹，他们把这项工程定名为"曼哈顿工程"。核物理学家西拉德草拟了一封信，由爱因斯坦签署后，交美国经济学家罗斯福总统的私人顾问亚历山大·萨克斯面呈总统罗斯福，信的内容是敦促美国政府要抢在希特勒前面研制原子弹。

1939 年 10 月 11 日，萨克斯同罗斯福进行了一次具有历史意义的交谈。萨克斯先向罗斯福面呈了爱因斯坦的长信，继而又朗读了科学家们关于核裂变发现的备忘录。可是罗斯福听不懂那深奥的科学论述，因而反应十分冷淡。罗斯福对萨克斯说：

"这些都很有趣，不过政府若在现阶段干预此事，看来还为时过早。"

萨克斯讲得口干舌燥也无济于事，只好向总统告辞。罗斯福为表示歉意，邀请萨克斯第二天共进早餐。

鉴于事态和责任的重大，未能说服罗斯福的萨克斯整夜在公园里踯躅，苦苦思索着说服总统的良策。

第二天早晨七时，萨克斯与罗斯福共进早餐。萨克斯尚未开口，罗斯福就先发制人地说：

"今天不许谈爱因斯坦的信，一句也不许谈，明白吗？"

"我想谈一点历史，"萨克斯望着总统含笑的面容。

"英法战争期间，在欧洲陆地上不可一世的拿破仑在海上却屡战屡败。这时，一位年轻的美国发明家罗伯特·富尔顿来到这位法国皇帝面前，建议把法国战舰上的桅杆砍掉，撤去风帆，装上蒸汽机，把木板换成钢板。但是拿破仑却认为，船若没有风帆就不能航行，木板换成钢板船就会沉没，他嘲笑富尔顿：'军舰不用帆？靠你发明的蒸汽机？哈哈，这简直是想入非非，不可思议'？结果富尔顿被轰了出去。历史学家们在评论这段历史时认为：如果当初拿破仑采纳了富尔顿的建议，19世纪的历史就得重写。"萨克斯讲完后，目光深沉地注视着罗斯福总统。

罗斯福沉思了几分钟，然后取出一瓶拿破仑时代的法国白兰地，斟满了酒，他把酒递给了萨克斯，说道："你胜利了！"

一段历史故事改变了总统的决定，因为历史借鉴法具有无可辩驳的说服力。

我们再看看长孙皇后是如何运用历史借鉴法来劝谏唐太宗的。

据《贞观政要》载，唐太宗有一匹骏马，特别喜爱，长期在宫中饲养。有一天，这匹马无病而暴死。太宗大怒，要把马夫杀掉。这时，长孙皇后劝谏道：

"从前齐景公因为马死的原因要杀马夫，晏子控诉马夫的罪行说：

"你把马养死了，这是第一条罪状；

你使得国王因为马的原因杀人，老百姓知道了，必定怨恨国君，这是你的第二罪状；

诸侯知道这件事，必定会轻视我们国家，这是你的第三条罪状。

结果齐景公赦免了马夫。陛下读书曾见过此事，难道你忘记了吗？"

唐太宗听后，怒气全消，对皇后大加赞赏。

两件相似的事情联系在一起，论证了长孙皇后的观点，使唐太宗放弃了自己错误的方法。

5斤萝卜，3斤白菜

——立定论点法

论辩中，我们时常会碰到对己方不利的辩题。一旦确定辩题，就要对其做出有利于己方的解释。立定己方论点，论辩时才可展开攻击，先发制人，攻守得体，游刃有余。

对辩题做出巧妙的诠释，方法有两种。

第一，限制法。

所谓限制法是指在形势对己不利的情况下对辩题巧妙恰当地提出一些限制的技法，使用这种方法往往能够收到起死回生的效果。

1938年10月，美国著名电影艺术家卓别林写了以讽刺和揭露希特勒为主题的电影剧本《独裁者》。第二年春天影片开拍时，派拉蒙公司说：理查德·哈定·戴维斯曾用"独裁者"写过一出闹剧，所以这名字是他们的"财产"。卓别林派人跟他们谈判无结果，又亲自找上门去商谈解决的办法。派拉蒙公司坚持说：

"如果你一定要'借用''独裁者'这个名字，必须付出2.5万美元的转让费，否则就要诉诸法律！"

卓别林灵机一动，当即在片名前加了个"大"字，变为"大独裁者"，并且风趣地说：

"你们写的是一般的独裁者，而我写的是大独裁者，这两者之间风马牛不相及。"

说完扬长而去，派拉蒙公司的老板们个个只能气得干瞪眼。

卓别林通过对"独裁者"这一外延较大的概念进行限制，增加了"大"这一内涵，使它过渡到了外延较小的"大独裁者"这一新的概念，便获得这场论辩的全胜。

运用限制法，关键在于其限制要恰当巧妙，既要在辩题限制后，使己方从原来的无话可说变得口若悬河，游刃有余，又要限制得天衣无缝，让人感觉没有篡改辩题之嫌。否则，留给对方把柄，必败无疑。

第二，定义法。

就是给辩题中某些关键字眼做出有利于自己利用事实、展开论点、争取观众认同的定义，从而先发制人，占据优势。在一次小学数学课堂上，老师向学生提问：

"5斤加3斤等于多少？"

"8斤！"学生们异口同声地说。

"5斤萝卜加3斤白菜等于多少？"

"8斤！"有几个学生不假思索地说。

"8斤什么？萝卜还是白菜？还是其他什么东西？"

"8斤萝卜！一个头脑简单的学生说，引起哄堂大笑。

"8斤白菜！"另一个学生抢着纠正说，又使得好多学生笑了。

有个聪明的学生没有发言，陷入了沉思。最后，这个学生满有把握地举手发言，回答说：

"8斤蔬菜！"

他的答案受到了老师和同学们的赞赏。

其他同学之所以回答错误，是因为没有将萝卜、白菜的概念分清加以定义。

黑鸡比白鸡聪明

——因果法

有一对新婚夫妇结婚不久，他们的洞房里经常发生怪事：一到晚上，东墙上总有两柱绿莹莹的光一闪一闪，像鬼眼一样吓人。小夫妻因此再也不敢进洞房。

这件事被小伙子的弟弟知道了，弟弟是一位大学生，就读于某工学院。他决定弄个明白。一天晚上，他一人闯进了洞房，熄灯后，果然看见墙上有一对"鬼眼"，他拿起笔画了一个圈，把"鬼的眼睛"圈住了。第二天，他把墙上砖头挖下一检查，发现这是坟墓的砖头，上面沾有磷。这样，墙上发光的原因找到了，所谓"鬼眼"的真相便大白了。

事情发生的原因和出现的结果有着必然的联系，根据这种联系，可以用结果证明原因的必然性，也可以用原因证明结果的必然性。这种因果论证方法，使用很广。

在论辩中，因果论证能显示事物之间的本质关系，使人知其然，也知其所以然，因此，可以加强论点的说服力，使论点固若金汤。

下面这段论辩很典型：

一位生物学教授通过试验，发现蝙蝠具有"以耳代目"的"活雷达"特性，另一位学者持有不同意见，两人展开了一场论辩。

教授："蝙蝠能在阴暗的岩洞里准确无误地飞行，这是为什么？"

学者："因为它的眼睛特别敏锐，能在微弱的光线下看清周围的障碍物。"

教授："为什么蝙蝠能在黑夜穿过茂密森林？"

学者："也许他有异常的夜视能力。"

教授："当我们把它的双眼遮住，或让它失明，它仍能正常地飞行，这又是为什么？我们若去掉它双眼的蒙罩，将它的双耳遮住，它飞行时就会到处碰壁，这又该如何解释？"

学者无言以对，只好认输。

这里教授应用了因果论证来探求原因，得出了不可辩驳的结论。

在表情达意时，原因和结果是不可分的。通常情况下，是先说原因，后说结果；有时是先说结果，后追究原因，原因和结果有必然的联系。但在论辩时，有时又一反正常的因果关系，故意将风马牛不相及的两回事作为因果关系连在一起；或回答难题怪问，或借机戏谑，这种方法叫因果谬连法，但我们必须注意：不能将不具有因果联系的事物现象说成具有因果联系。

比如：

甲："黑母鸡比白母鸡聪明。"

乙："你怎么知道？"

甲："嘿！黑母鸡能下白蛋，白母鸡不可能下黑蛋呀！"

再看一则因果谬连法故事：

南唐时候，官方在交通要道和市场上征收名目繁多的税赋，而且税额很大，商人都为苛捐杂税吃尽了苦头，同时也严重地影响了货物的市场流通。

有一年适逢大旱，南唐后祖李煜在国都金陵北苑宴请群臣，席上李煜对群臣说："京城之外都下，这雨单单到不了都城，为什么呢？"

当时有位叫申渐高的大臣大座，回答说："雨不到都城来，是害怕抽税。"

后祖李煜听后大笑起来，不久就宣布免除了不合理的赋税。

面对后祖提出的一个平常问题，申渐高把"害怕抽税"作为"因"，把"雨不入城"作为"果"，使根本无联系的事连在一起。乍一听很荒唐，实则饶有意味，使后祖在轻松、幽默的气氛中接受了劝谏。

你父不如我父，你儿不如我儿

——保持同一法

论辩必须充满严密的逻辑思路。在进行逻辑思维时，人们的思想前后必须保持同一。

保持同一，是指在论辩中，论辩者的思想必须具有确定性和首尾一贯性。违反了这一规律就会犯偷换概念和偷换论题的错误。

偷换概念是一种常用的诡辩技巧，在论辩中我们要心存戒备，以防上当。

有位青年到智者欧底姆斯那里去请教。欧底姆斯向他发出一连串的提问：

"你学习的是已经知道的东西，还是不知道的东西？"

"我学习的当然是我不知道的东西。"

"你认识字母吗？"

"我认识。"

"所有的字母都认识吗？"

"是的。"

"教师教你时，是不是教你认识字母？"

"是的。"

"如果你认识字母，那么教师教你的不就是你已经知道了的东西吗？"

"是的"。

"那么，是不是你没有学，而只是那些不识字的人在学？"

"不，我也在学。"

"那么，你认识字母，而你又在学字母，就是你学你已经知道的东西了。"

"是的。"

"那么，我最初的回答就不对了。"

这位青年被问得晕头转向，无言以答。无疑，这位智者是玩弄偷换概念的高手，他将"不知道的东西"和"已经知道的东西"这两个概念混淆一起，趁机制造混乱。其实，只要多加思虑，牢牢把握住这两个概念的内涵，反驳他是很容易的。

再看一例：

有位小伙子来到咖啡厅，先要服务员小姐来一杯咖啡，过了一会儿他又叫服务小姐将咖啡换成了牛奶，他喝完牛奶之后，背起背包就要出门。服务小姐连忙提醒他：

"先生，你还没付账！"

"我付什么账？"

"你喝了牛奶，2元钱一杯啊！"

"牛奶是我用咖啡换来的啊！"

"咖啡是我们的啊！"

"可是咖啡我不是给你了吧！我没喝。"

服务小姐无言以答。

很明显，用没付钱的咖啡换没付钱的牛奶，还是等于没付牛奶的钱。这位小伙子故意偷换没付钱的牛奶和付了钱的牛奶之间的不同含义，违反了同一律，属于偷换概念。

以上两例都是偷换概念的实例，下面我们看看偷换论题的例子。

明代有位姓靳的内阁大学士，他的父亲不太出名，他的儿子很不成材，可他的孙子却考中了进士。这位内阁大学生经常责骂他的儿子，骂儿子是不孝之子。后来，这个儿子实在忍受不了责骂，就和内阁大学士顶了起来：

"你父亲不如我的父亲，你儿子不如我的儿子，我有什么不成材的呢？"

内阁大学士听了，一时哑口无言。

这位儿子为了掩饰理屈，回避矛盾，故意转移论题，使父亲一时摸不清头脑。

偷换概念和偷换论题是违反同一律的表现，是诡辩者常用的伎俩，对此要仔细分析，稳住立场，无情反驳。

以子之矛，攻子之盾
——矛盾法

传说有位年轻人曾跟大发明家爱迪生说过一个想法，想发明一个能溶化一切的"万能溶液"。爱迪生听完后，反问这位年轻人这种溶液用什么器具盛装。年轻人被问得无言以答。这位年轻人之所以被爱迪生问得无言以对，是由于他说要发明一种能溶解一切物品的溶液，这句话本身就否定了自身的真实性，因这种溶液能溶解一切物品，就没有一种物品能盛装它，自然也就不可能有这样一种溶液。爱迪生的问话虽然很简单，但却暗暗地点出了年轻人违反了不矛盾律的规定，提出了他的错误。

逻辑学的不矛盾律要求在一个思维过程中不能对同一事物对象作出

不同的断定，即在同一思维过程中，两个互相反对或互相矛盾的判断不能同时都真，其中至少有一个为假。对于这样的两个判断，如果同时肯定为真，就会出现自相矛盾或逻辑矛盾，不矛盾律是论辩中揭露论敌自相矛盾的逻辑基础。

生活中，矛盾重重，违反矛盾规律，势必走入进退两难的境地。论辩时，许多人故意自相矛盾，为其言行狡辩，这需要我们有一双火眼金睛，揭露其论或辩的荒谬，"以子之矛，攻子之盾"，从而制服对方，揭露矛盾，有很多行之有效的方法，可以直接揭露出对方前后出现的明显矛盾，也可以揭露其论点隐含着的矛盾，还可做出一个真实的与论敌观点相矛盾的命题。这些方法运用于论辩中可发挥强有力的战斗力，令对方无可奈何。

有位老婆婆，有次与老头子吵架，一气之下半夜离开了家。她手里举着根棕树火把向村外走去，一边走一边大哭大叫："我可不想活了，我要用火烧死自己，我要到墓地里去自杀。"

一位小伙子看见了她，问道："您去自杀举着火把干什么呀？"

"我……我怕被蛇咬呀！"

"既然您想去死，怎么还会怕被蛇咬呢？既然您怕被蛇咬，您就是不想死呀，我看还是快点回家去吧！"

这位老婆婆表面说想死，实际不想死，前后做出了不同的断定，自相矛盾。小伙子一段话正好揭穿她的矛盾言行。

美国大律师赫梅尔在一件赔偿案件中，代表保险公司出庭辩护时就是如此揭露矛盾。

原告声称道："我的肩膀被掉下来的升降机轴打伤，至今右臂仍抬不起来。"

赫梅尔问道："请给陪审员们看看，你的手臂现在能举多高？"

原告慢慢地将手臂举到齐耳的高度，并表现出非常吃力的样子，以示

不能再举高了。

"那么，在你受伤以前能举多高呢？"

赫梅尔话音刚落，原告不由自主地一下将手臂举过了头顶，引得全庭哄堂大笑。

又如：

甲："我国有世界上没有的万里长城。"

乙："既然我国有，那么世界上也就有；既然世界上没有，我国也就没有。"

一青年大声宣扬："我已经看破了红尘，世界上的一切都是假的……"

这时一个学生问他："你是一个人难道也是假的？"

嘴早？门早？

——理由充足法

形式逻辑学中的充足理由律认为，在思维过程中，要确定某一观点的正确性，就必须有充足的理由。充足理由律体现了思维的论证性和有根据性。这一规律在言辩中要求更为严格。与人论辩，要用可靠严密的理由来佐证思想观点的正确，即论辩中所使用的理由必须真实、可靠，否则就会陷入诡辩的泥潭。

缺乏充足理由的诡辩形式很多，比如虚假理由式、预期理由式、以偏概全式、推不出来式、强词夺理式等。

在论辩中，如果对方玩弄理由不充足的把戏，要抓住其观点的失误、

虚假和漏洞全力揭露，证明其论点站不住脚，这样对方就会全线崩溃。

为求更形象的形象概念，我们看看下面几个例子：

古代有个叫叶衡的人，病得很重。他向人打听说：

"我很快就要死了，不知道一个人死后状况好不好？"

有人答道："非常好。"

叶感到奇怪："你怎么知道呢？"

那人回答说："假如人死以后状况不好，那么这些死者就会返回来。现在不见一个死者返回，由此可见人死后肯定是很好的。"

这个人论证人死后状况很好的理由是："如果人死后状况不好，那么死者就会全部返回。"这个理由不充分，是虚假的。

有个人喝了酒路过人家大门口，便对着人家大门呕吐起来，守门人大声呵斥他："你为什么对着人家大门呕吐？"

他斜了斜眼睛说："是你的门不该向着我的口。"

守门人不觉失笑："我家大门早就是向着这个方向，又不是今天刚造好对着你的门口。"

他指了指自己的嘴巴说："我的这张嘴巴也有一把子年纪了。"

这个醉汉真是信口雌黄，蛮不讲理。

东汉时期，许多人都相信，人死了，人的灵魂就变成了鬼。有人还说自己真的见过鬼，说鬼的样子和穿戴跟活人一模一样。

当时著名的无神论者王充对此不以为然，嘲笑地问道：

"你们说一个人死了，他的灵魂能变成鬼，难道他穿的衣服也有灵魂，也变成了鬼？如果真的看见了鬼，那它该是赤身裸体，一丝不挂才对啊！"

他的话把对方驳得张口结舌。王充还风趣地说："从古到今，不知几千年了，死去的人不计其数，如果人死了就变成鬼，那么，生活中就应有许多鬼了，可是有几个人见过鬼啊？"

在这里，王充抓住了鬼神论者的失误和漏洞，进行有力的揭露，使他们自以为有力的论证变得苍白无力。

99 岁的预言
——条件法

古时候，一位国王问身边的大臣："王宫前面的水池里共有几杯水？"

大臣回禀："这种问题只要问一个小孩就能得到正确的答复。"

于是，一个小孩被召来了。

"王宫前面的水池里共有几杯水？"国王问他。

"要看是怎样的杯子，"小孩不假思索地应声而答，"如果杯子和水池一般大，那就是一杯，如果杯子只有水池的一半，那就是两杯，如果杯子只有水池的1/3大，那就是三杯，如果……"

小孩的回答十分巧妙。面对刁问，他先设一个条件，后说结果，条件不同，结果当然不一样。

巧设条件就是通过设定某种条件，然后对事物情况做出断定，以取得论辩胜利的方法。

巧设条件是一种强有力的雄辩绝招，要灵活自如地运用它，就必须善于把握事物之间的必然条件联系，并且根据这种条件联系，巧妙地设定条件。要做到这点，就必须具备聪明的才智和临场应变能力。

伊索在给人当奴隶时，他的主人有一次喝醉了酒，与人打赌说："我以我的全部财产打赌，我可以一口把海水喝干！"主人酒醒后回到家里，非常后悔，急得如同热锅上的蚂蚁，这下全部的家产都完了。到了约定的

时间，伊索和主人来到海边，伊索跟对方："我的主人说的是一口把海水喝干，他要喝的是海水，而不是河水，可现在河水不断地流到海里去，你得先把河水与海水分开，他才好喝，如果你能把河水与海水分开，我的主人就可以一口把海水喝干！"河水与海水是无法分开的，这样伊索就保住了主人的全部财产。

一个女演员倾慕于萧伯纳，就向他求婚说："我们的结合，一定是世界上最好的结合，将来咱们生了孩子，他一定会有一副像你那样的聪明头脑，同时有一个像我这样俊俏的身段。"萧伯纳不喜欢这种卖弄风骚的女人，慢条斯理地说："可是，如果孩子长得头脑像你，身段像我，那就糟了。"

这里，萧伯纳按照对方的思维模式顺水推舟，设定条件，然后得出一个荒谬的结论，其中隐含着得体的拒绝和蔑视。

在生活中，很多人利用此法来进行诡辩或为人设立圈套，让人左右为难，对此要擦亮眼睛，认真识别其诡计。

一个人问算命先生："你算命灵验吗？你算算我可以活到几岁？"

算命先生说："我算命是非常灵验的，你假如不死的话，可以活到99岁；假如我算得不灵验，你在99岁之前死了，那时你可以来打我嘴巴。"

这位算命先生设定了两个条件句："如果你不死，可以活到99。""如果你在99岁之前死了，你可来打我嘴巴。"这两个条件命题都是虚假的。虚假的条件，当然推不出真实的结果。

我是谁？

——大智若愚法

在论辩时，有时面对谬论，面对强辩，假装愚蠢，故作糊涂，谬释敌意，从而引出其荒唐，暴露其缺点，攻其不备，出奇制胜。

请看在汽车上发生的一幕：

一次，近代著名学者辜鸿铭先生正乘车坐在座位上，叠着脚欣赏着窗外景色。半路上来了几个年轻的外国人，对辜先生身穿长袍马褂，留着小辫的形象评头论足，很是不恭。辜先生不动声色地从怀里掏出一份英文报纸从容地看起来。那几个洋人伸长脖子一看，不禁笑得前仰后合，连声嚷道：

"看这个白痴，不懂英文还要看报，把报纸都拿反了！"

待他们嚷够了，笑完了之后，辜鸿铭先生慢条斯理地用流利纯正的英语说道：

"英文这玩意儿实在太简单了，不倒过来看，还真没意思。"

一言既出，几个洋人大惊失色，面面相觑，讪讪地离开了。

有一次，一个银行家问大仲马：

"听说你有 1/4 的黑人血统，是吗？"

"我想是这样。"大仲马说。

"那令尊呢？"

"一半黑人血统"。

"令祖呢？"

"全黑"。

"请问，令尊祖呢？"

"人猿。"大仲马一本正经，淡淡地说。

"阁下可是开玩笑？这怎么可能？"

"真的，是人猿"，大仲马怡然地说，"我的家族从人猿开始，而你的家族到人猿为止。"

这里，大仲马开始用"假痴"佯装自己的真实目的，麻痹银行家，然而反守为攻，突然出击，使对方猝然不防，陷于窘境。

大智若愚即假痴不癫，本来是足智多谋，故意装成痴傻，即智而示之顽愚，能而示之痴傻，借此欺骗对方，争取论辩主动。

在西方某国的一个大型机场售票厅里，许多旅客正排队购买飞机票，秩序井然。突然，一个穿着笔挺的绅士，手握"文明棍"，挤到最前面，粗暴地指责售票员工作效率太低，耽误了他的宝贵时间。他唾沫四溅地大声嚷道：

"你们知道我是谁吗？"他边说边用手指着售票员，显出唯我独尊，不可一世的丑态。

售票员平静地转过脸去，对票房里别的工作人员说：

"这位先生需要咱们帮助证明，他有些健忘，已经不知道自己是谁了！"售票员又对排队买票的旅客问道：

"你们有谁能帮助这位先生回忆一下吗？他已经忘记自己是谁了！"

售票员话音刚落，旅客笑声四起。在笑声中，绅士羞得满脸通红，尴尬不已，只得悻悻地走了。

大智若愚是一种"演戏"方法，它采用拐弯抹角的进攻方式，曲径通幽，因而可以产生强大的幽默和讽刺效果。

猪和钱

——釜底抽薪法

《晏子春秋·内篇谏下》记载了这样一个故事：

齐景公修建路寝台，已经打好了地基。此时，逢于何的母亲去世了。逢于何拜求晏子转奏齐景公，请求把母亲的尸体葬在路寝台的墙下，与其父合骨。为此，晏子见齐景公说：

"有个叫逢于何的人，母亲去世了，要葬在路寝台的墙下，与其父合骨。"

齐景公听后勃然大怒，生气地说：

"从古至今你听说过有请求在君王宫殿下埋葬死人的吗？"

晏子回答说：

"古代的明君，宫室台榭建得少，又很俭朴，从不侵占活人的住宅，也不侵占死人的墓地，所以，从未听说有请求在君王殿下埋葬死人的事。可是现在的君主，盖了许多宫室台榭，侵占了活人的住宅，侵占了死人的墓地，使得活着的人不得安生，死了的人尸骨离散。为了自己的奢侈游乐，既欺凌活人，又欺凌死人，这不是贤君应有的行为。为了满足自己的欲望，不顾百姓的生死，不是治国正道。我还听说，活着的人不得安生，就积蓄了忧愁；死了的人不得安葬，就积蓄了悲哀。积蓄了忧愁就留下了怨恨的种子，积蓄悲哀就留下了祸患的根子，君王不如允许逢于何葬母于宫墙之下吧！"

齐景公同意了逢于何的请求。

在这个故事里，晏子抓住齐景公"从古至今你曾听说过有请求在君王宫殿下埋葬死人的事吗？"此话中的纰漏，大做文章，终于"消"去了齐景公的怒火，答应了逢于何的请求。

在论辩中，论敌提出与己方相反的论点，要使其论点成立，就必然提出相应的论据加以论证。因此，辩者只要将论敌的论据驳倒，论敌的论点自然也就站不住脚了。

同时，"釜底抽薪"这一论辩技巧也从侧面启发我们，当你在论辩中处于顺利的情况下，千万不要高兴过早，不要因为胜利在握而放松了对论据、论证方面的把握，使其持之有据，言之有理，真正达到无懈可击。

有一天，李老头在家门口大骂：

"哪个该杀的，半夜偷走了我家一头60多斤的猪，不得好死啊！"

有人在他耳边咕噜了一声，他一听跟着就走，在邻村揪住一个叫矮冬瓜的中年人吼道：

"矮冬瓜，我要告你偷猪！"这场官司就打到南海县衙门。徐知县听过原告的申诉后，问被告矮冬瓜是否属实，矮冬瓜流着眼泪可怜地说：

"大人，小民一向循规蹈矩，安分守己，虽然穷了一点，但哪能为一头猪坏了名声啊！再说猪走得慢，偷猪人怕被发现，是不敢在地上赶猪走的，所以他们偷时，总是将猪背在肩上，你看小人瘦骨嶙峋，手无缚鸡之力，如何偷得动这头肥猪呢？"

徐知县认真地打量了他一会儿，说：

"确实如此，我也听说你向来清白无辜，又可怜你家贫困，这样吧，现在赏你10000钱，回家好好做点小本生意，切莫辜负我的一片苦心。"

差役很不情愿地搬出好些铜钱，放在堂上一大堆，喜得矮冬瓜连连磕头谢恩：

"青天大老爷真是我的再生父母啊！"他弯腰把钱理好后，就麻利地套在肩上，转身要去。

"慢！"徐知县喝道："被告，这10000钱不止60斤吧！"

矮冬瓜一愣，掂了掂说：

"嗯，差不多。"

徐知县冷笑道：

"你说自己手无缚鸡之力，怎么如此重的钱像没什么分量似的背上就走？可是那60斤重的猪你也是背得动的吧？"

"这……"

矮冬瓜无法抵赖，只好供出自己的罪行。

挑 花

——以做助说法

论辩时大部分是言语相向，但有时为了强化效果，增加可信性，提高成功率，说话时适当地配合各种动作，这会使论辩更加形象化，收到更好的论辩效果，这种技巧就是以做助说。

以做助说的最大好处，就是用事实来证明自己观点的正确，具有直观易懂和无可争辩的真实性，使自己的观点很快被对方接受。

运用以做助说，可以把抽象的道理具体化，让别人在实证面前对自己的观点心悦诚服，或者巧妙地引出自己的话题。

我们来看两个实例：

有一次宴会上，有人对意大利航海家哥伦布说：

"你发现了新大陆，在我看来没有什么值得大惊小怪的，任何一个人都可以去发现，这是最简单不过的事了。"

哥伦布没有与其争辩，只是取来一只鸡蛋，对在座的人说：

"你们当中有谁可以让这个鸡蛋竖立起来呢？"

席间没有一个回答。

哥伦布拿起鸡蛋，轻轻地敲破底部的一部分壳，于是鸡蛋就立在餐桌上了。接着，哥伦布以平静的语气说：

"先生们，这是再简单不过的事了，任何人都可以做到——在有人做了之后。"

哥伦布在此使用"以做助说法"，让自己的论辩强而有力，有巨大的说服力，让人无可反驳。

有一次，施特劳斯结束了他在维也纳国家音乐厅举行的"个人钢琴演奏会"后，才刚刚回到下榻处，就有一名俄国军官带着随从气势冲冲地闯了进来。那俄国军官气冲冲地递给他一份"决斗书"，吼道：

"你是我的情敌，我要和你决斗，一决高低，请吧！"

说完甩开大氅，抽出长剑，摆开了架势。

施特劳斯莫名其妙，不知自己怎么突然变成了他的"情敌"。

"请你把原因讲清再决斗也不迟！"他冷静地说道。

俄国军官陈述道：

"你每次演出，我的妻子都要送鲜花给你。鲜花代表着爱情，既然她送鲜花给你，那么你们两个肯定私通！你破坏了我的家庭，你就是我的情敌！这还有什么可说的？"

施特劳斯听罢，对这种荒唐的推理哭笑不得，本想"回敬"几句，但稍一思虑后，他改变了主意，说：

"军官先生，我先领你们看些东西。"说完，把他们带到了一处宽大的花房，指着里面放着的无数束鲜花说：

"请把尊夫人送给我的鲜花挑出来吧，让它作证，我们好决斗啊！"

"那军官和随从看看数不清的花束，目瞪口呆，面面相觑：

"原来有这么多的人送花啊！"

至此，那俄国军官可笑的，凭空杜撰出来的故事，不驳自倒了。

施特劳斯聪明地选择了以做助说法，没有直接反驳军官，领军官看鲜花，化解了这场决斗。

也有米饭
——正话反说法

正话反说是一种运用实际的意思，跟表面的意思正好相反的话进行论辩的方法。比如使用否定的语言表达肯定，用责怪的语言表示感激，用贬抑的语言表示赞扬等等。正话反说，表面是肯定，实际是否定，形褒实贬，形成大起大落的语言变化，透示出诙谐之乐趣。这种言此意彼的言语方式广泛运用于生活之中。

相传海菲兹在伦敦首演后，大名鼎鼎的萧伯纳走到后台，向这位年轻的小提琴手说：

"这个世界上没有十全十美的事物，否则就会招致诸神的嫉忌。我想建议您：

每晚临睡之前，至少要奏出一个不准的音符。"

萧伯纳本来是对提琴手的极度称赞，却用反面的话表现出来，更能让人长久地回味。

正话反说在论辩中，作用很大。

1. 它可以鞭挞丑恶，讽刺落后。

古代庄宗爱好打猎。一天，他率大批人马外出打猎，踩倒了很多庄

稼。当地县官出面制止，惹庄宗大怒，县官不服。这时，一个叫敬新磨的人站出来，将袖摩拳地痛骂道：

"你身为县官，难道不知道我们天子喜欢打猎吗？你为什么要唆使老百姓种田而向皇上交租税呢？你难道不会让老百姓都饿死，而使这里的田地都空出来，供给我们皇上驰骋打猎用吗？"

敬新磨说完，请求庄宗立即将县官处死。庄宗明白其用意，放了县官。敬新磨正话反说，表面是训县官，实际是说庄宗，使庄宗认识错误，迷途知返。

2. 它可以便于表达，利于体现。

护士小陈去某商场买布料，她选中了一块灰色大方格布料。但她发现布口是斜的，不是沿方格走的，于是便要求售货员把斜口裁正以后再扯。售货员不耐烦地说：

"你这人真自私，怎么不替别人想想？"

小陈听后很恼火，回答道：

"我自私，我当然要自私。布是给我扯的，不是给你扯的，不是给别人扯的。你不自私，把好好的料子扯斜了，你多会替别人着想啊！"几句话说得售货员哑口无言。

小陈抓住对方的话把，运用正话反说，在"自私"和"替别人着想"这两个词上做文章，反驳非常有力。正话反说，使小陈的话具有很强的讽刺味道，比泼口骂人要体面得多。

3. 它可以蕴含幽默，充满情趣。

一位顾客在饭馆吃饭，米饭中沙子很多，顾客把沙子吐出来，一一放在桌子上，服务员见此情景很不安，抱歉地问：

"尽是沙子吗？"

顾客摇摇头微笑地说：

"不，也有米饭。"

一句幽默、风趣的反语，一句善意、巧妙的批评，化解了矛盾，增加了理解，表达收到了意想不到的效果。

正话反说，可提高论辩语言的战斗力，是反击敌手的有力武器，但要注意场合，不可滥用，因为它具有很大的攻击性。

谁第一？ 谁第二？
——模糊应对法

南齐时，有个著名书法家王僧虔，是晋代王羲之的四世族孙，他的行书楷书继承祖法，造诣颇深。

当时南齐太祖萧道成也擅长书法，而且自命不凡，不乐意自己的书法逊于臣子。

一天齐太祖提出要与王僧虔比试书法。写毕，齐太祖傲然问王僧虔：

"你说说，谁第一？谁第二？"

王僧虔既不愿意压低自己讨好皇帝，也不愿得罪皇帝，他眉头一皱，说：

"臣的书法，人臣中第一；陛下的书法，皇帝中第一。"

太祖听了，只好笑笑了之。

面对皇上的刁问，王僧虔模糊应对，妙在其答所不能答，使自己脱离进退两难之窘境。

有一些特殊场合，往往碰到一些不便直接回答但又不能不回答、一时无法回答但又必须回答的问题。这时如果运用精确的语言往往表达不了我们的思想感情，此时模糊应对便派上了大用场。

模糊应对变通性强、收缩性大、攻击力火，是一种常用的舌战技巧，广泛用于外交谈判，生活口辩。

1.它可以化解矛盾，摆脱困境。

楚灭秦时，楚怀王分兵两路，东路由项羽率领 70 万兵马，西路由刘邦率 10 万兵马，同时向关中进发。事先约定：谁先进关谁为关中王。

结果刘邦先进关中，项羽自恃兵多势众，不服刘邦，欲设计害之。项羽自尊为西楚霸王，封刘邦为汉王，打算让刘邦到南郑去。谋士范增极力反对，他说：

"那地方内有重山之固，外有峻岭之险，让刘邦去，岂不是放虎归山？"

项羽反问：

"那有什么办法杀他呢？"

范增献计说：

"等刘邦上朝，大王问他：'寡人封你到南郑去，你愿不愿去？'如果他愿去，你就说：'我早知道你愿去，那里是养兵练将，积草屯粮的好地方，养足了锐气好与我争天下，对不对？这就证明你有反我之心。绑出去杀了！'如果他不愿意去，你就说：'我知道你不愿去的，本来楚怀王有约在先，谁先入关谁为关中王，叫你去南郑，你怎么会愿意呢？既然不愿去，就是要在这里反我。与其如此，不如现在就把你杀了。'想他刘邦难逃灭顶之灾了。"

一番话说得项羽连连点头称是。密谋之后，项羽便召刘邦上殿。

项羽是个有勇无谋，沉不住气的人，他一见刘邦，便迫不及待地问道：

"寡人封你到南郑去，你愿意不愿意去？"

刘邦见项羽问得这么急迫，不免心中纳闷。虽然愿去，但不敢表白，于是他回答说：

"大王啊，臣食君禄，命悬乎于君。臣如陛下坐骑，鞭之则行，收辔则止，臣惟大王之命是听。"

这种模棱两可的话，完全出乎项羽的意料，他没听出刘邦到底是想去还是不想去，项羽只好说：

"你要听我的，南郑你就不要去了。"

2.可以应付刁难，控制主动。

1982年秋天，我国作家蒋子龙到美国洛杉矶参加一个中美作家会议。在宴会上，美国诗人艾伦·金斯伯格请蒋子龙解个谜："把1只5斤重的鸡装进一个只能装一斤水的瓶子里，用什么方法能把它拿出来。"

蒋子龙不假思索，答：

"你用什么方法放进去，我就用什么方法拿出来。"

金斯伯格赞扬蒋子龙才思敏捷，因为他是第一个猜中这个谜的人。

我们一样

——彼此一家法

论辩中，辩者强调和对方的相似点和共同点，使对方感到辩者和他是"一家一"，从而在不觉中乐意接受辩者的观点，这种方法就是彼此一家法。

美国总统林肯在一次讲话中说：

"南伊里诺州的同乡们，肯特基州的同乡们，密苏里州的同乡们：听说在场的人群中，有人要和我为难，我实在不明白他们为什么要那样做，因为我也是一个和你们一样爽直的平民。为什么我不能和你们一样有发表民意的权利呢？好朋友，我并不是来干涉你们的人，我也是你们中间的一个。我生于肯特基州，长于伊里诺州，和你们一样是从艰苦的环境中挣扎出来的。我认识南伊里诺州和肯特基州的人，我也认识密苏里州的人，因为我是他们中间的一个。而他们也应该更清楚地认识我。如果他们真的认识我，他们就会知道我并不想做一些对他们不利的事。……"

林肯通过讲述自己的出生地，成长地，告诉他们，他和他们一样，都是平民，是他们中间的一个，拉近彼此的关系，使人觉得大家是"一家人"，让他下面的讲话听起来不觉刺耳。

1957年11月在莫斯科举行的12个社会主义国家共产党和工人党代表会议与64国共产党和工人党代表会议上，尽管赫鲁晓夫是东道主，但毛泽东却以超凡的威望和魅力成了会议的中心。总的说来，赫鲁晓夫还是满心欢喜的。毕竟，毛泽东以他的威望，以中国共产党在国际共产主义运动

中举足轻重的地位支持了赫鲁晓夫，支持了前苏联共产党。

最使赫鲁晓夫和前苏共领导人激动的是，毛泽东在14个共产党和工人党代表会议上的即席讲话。

毛泽东说：

"赫鲁晓夫这朵花比我毛泽东好看。中国有句古话，叫作'荷花虽好，也得绿叶扶'。我看赫鲁晓夫这朵花是需要绿叶扶的。'一个和尚两个帮，一个篱笆三个桩'。有不同的意见可以保留起来嘛，有了什么事，还是朋友靠得住。"

毛泽东在分析完苏美力量对比之后，还做了多方面的讲话。

原苏共中央在克里姆林宫叶卡捷琳娜大厅举行宴会，招待各国代表团。

毛泽东在祝酒辞中说：

"我们开了两个很好的会，大家一定要团结起来，这是历史的需要，是各国人民的需要。"

毛泽东还朗诵了一首诗，他说：

"中国有首古诗：

两个泥菩萨，

一起打碎罗。

用水一调和，

再来做两个。

我身上有你，

你身上有我。"

毛泽东通过各种比喻，有俗语、有诗词，来形容各社会主义国家和各国共产党及工人党之间的关系——密不可分的一家人。

病人不按医书得病

——反守为攻法

春秋末期，楚平王荒淫无道，在大臣费无极的怂恿下父纳子妻，把秦哀公的长妹孟嬴纳入宫中。平王怕事情败露，不可收拾，又听信了费无极的坏主意，把太子建调离京师，派往城父去镇守。临行前平王假惺惺地命令奋杨负责保卫太子，并嘱咐说：

"你侍奉太子就要像侍奉我一样。"

次年，孟嬴为平王生了一个儿子，平王许诺要立其为"太子"以接王位，但又碍于太子建还健在。费无极看出了楚平王的心思，便趁机造谣说：

"太子建与伍奢合谋勾结齐晋两国兴兵造反，以雪被平王夺妻之恨。"

荒淫昏庸的平王听信了谗言，便密令奋杨"杀太子受上赏，纵太子当死。"奋杨痛恨平王荒淫无道，滥杀无辜，便把平王的密令报告太子，让太子赶快逃走。然后自缚去见平王，并报告说：

"太子已逃走，我是来请罪的。"

平王听后大怒，喝问道：

"命令是我下的，只有你知道，究竟是谁告诉太子建逃走的？"

奋杨直言不讳：

"是我如实地向太子建报告的。"

平王一听，气得暴跳如雷，恨不得挥刀劈了他，呵斥道：

"你既然放走了太子，却又来见我，难道不怕要按抗君之罪论处吗？"

奋杨毫不惧色，从容答道：

"我前往城父之时，大王命令我'像侍奉大王一样来侍奉太子'，我是奉了您的命令，像救大王一样救了太子！我没有罪，有什么可怕的呢？更何况我了解太子并没有造反的形迹，我们无辜地杀害无罪之人，即使我无罪而被杀，虽死无愧，又有什么可怕的呢？太子无罪而逃生了，比我的生命更有价值，我就是死了也甘心，又有什么可怕的呢？"

奋杨的一番话使平王十分感动，便赦免了他，仍然让他任城父的司马。

奋杨对平王的辩白，反守为攻，步步为营，四个"不怕"，据理自辩，立足主动，稳扎稳打地层层辩驳，终于使昏庸之王深感惭愧，改变初衷。

在某些敌强我弱的形势下，当单纯防守并不足以保存自己时，我们就必须抓住论敌的矛盾，反守为攻，变劣势为优势，变被动为主动，争取论战的制高点，一举置论敌于死地。

但必须注意，如果为了个人私利，利用反守为攻术来嫁祸于人，那就属于诡辩。

有个叫薮井竹庵的医生，不少人来找他看病，但他从来没治好一个病人。

他老婆感到奇怪，问他道：

"我说你的医太是不是太差劲了？病人吃了你的药，为什么总是无效呢？"

医生说：

"哪里话，我的医术是很高明的，可是病人都很差劲，所以治疗不能见效。"

"病人怎么差劲法呢？"

"我是照医书上写的进行治疗，可病人得的总不是医书上写的那样的病。"

自己是庸医，反而责怪病人没按医书来生病，把过错推给病人，这是十足的诡辩。

你能保密，我也能

——金蝉脱壳法

在论辩处于困境的条件下，巧妙地虚晃一枪转移对方的注意力，借以迷惑对方，以便脱离不利于自己的境地，这就是论辩的经典技法金蝉脱壳术。它是一种绝妙的困境解脱术。

袁世凯窃取了中华民国临时大总统的权力之后，每天做着皇帝梦，有一次竟在白天进入了梦乡。

这时，一位侍婢正好端来参汤，准备供袁世凯醒后进补，谁知一不小心将玉碗打翻在地。婢女自知大祸临头，吓得脸色苍白，浑身打颤，因为这只玉碗是袁世凯在朝鲜王宫获得的"心头肉"，过去连太后老佛爷他都不愿用来孝敬，现在化为碎片，这弥天大罪无论如何也逃不脱的了。正当她想自尽之时，袁世凯醒了，他一看玉碗被打得粉碎，气得脸色发紫，大吼道：

"今天俺非要你命不可！"

侍婢连忙哭诉：

"不是小人之过，有下情不敢上达。"

袁世凯骂道：

"快说快说，看你有什么话说。"

侍婢道：

"小人端汤进来，看见床上躺的不是大总统。"

袁世凯怒喝道：

"混账东西，床上不是俺，能是谁？"

侍婢大声哭道：

"小人不敢说，怕人哪！"

袁世凯倏地起立道：

"你再不说，瞧俺不杀了你。"

侍婢下跪道：

"我说，床上……床上躺着的是一条五爪大金龙！"

袁世凯一听，以为自己是真龙转世，要登上梦寐以求的皇帝宝座，顿时欣喜若狂，怒气全消了，拿了一叠钞票为婢女压惊。

林肯在学校读书时，有一次考试，老师问他：

"林肯，这里有一道难题和两道容易的题目，由你任选其一。"

"我就考一道难题吧。"林肯答道。

"好吧，那么你回答，鸡蛋是怎么来的。"

"鸡生的呗。"

"鸡又是哪里来的呢？"老师又问。

鸡蛋是鸡生的，鸡又是鸡蛋孵化的……林肯知道这个问题的答案是循环、没有穷尽的。继续辩论下去，自己将会处于被动的地位，林肯认识到这一点，于是赶紧借助对要求回答一个问题的条件，声明道：

"老师，这是你提的第二个问题了。"林肯紧紧抓住对方提供的条件，巧妙摆脱了困境。

金蝉脱壳的核心是怎样精而巧妙地避开锋芒，转移话题。我们看下列对话：

甲："我想知道，对××问题贵国所能采取的最后措施是什么？"

乙："请阁下相信，我们最终是会解决这个问题的。而我倒真的有点担心，如果贵国的反政府运动继续发展下去，贵政府是否仍具有维持现行统治的能力。"

甲希望知道乙所能采取的最后措施，这一点，乙方在当时的条件下难以宣布，便答一句"我们最终是会解决这个问题的"轻轻带过。然后转移到另一个话题上，即关于"如何制服反动政府运动"的话题这样精巧转移，利于自己脱离窘境。

在外交谈判中，常常运用这种金蝉脱壳法抽身而退。

富兰克林·罗斯福当总统之前，曾在海军里任过要职。

一天，一位外国友人向罗斯福问及在一个小岛上建立潜艇基地的计划。

罗斯福看了看四周，压低声音说：

"你能保守机密吗"？

"当然能。"友人回答说。

罗斯福微笑着说：

"我也能"。

建立潜艇基地，属于军事机密，当然不能泄漏。面对友人的询问，罗斯福没有直接拒绝回答，机智地诱导友人表示可以保密，以此封住友人的口，再话锋一转，表示自己也可保密，巧妙地摆脱了困境。

乌云、癞蛤蟆、牛和野驴

——顺水推舟法

某人牙痛，前去医院拔牙。医生技术娴熟，很快就把牙拔掉了。病人虽然觉得医生手术不错，但又觉得这一会儿工夫，就被他赚了30元有点耿耿于怀，他一边付钱，一边对医生说：

"你们牙医真会赚钱，只用10秒钟就赚了30元。"

医生没有直接反驳对方的意见，只是说：

"你要是愿意的话，另一颗牙，我可以慢慢地给你拔。"

病人一听，连连叫道：

"不，不，还是请快些给拔吧！"

面对病人的挖苦，医生回报十分巧妙：不正面讲理，顺着对方10秒钟的话茬说下去，答应以慢慢的速度拔另一只牙。无疑，这好好地将了对方一军，使自己处于主动地位。

这位医生运用的就是顺水推舟法。

所谓顺水推舟是指按照对方的思维模式因势顺推，或者以对方的核心论点为前提进行演绎推论，得出一个明显错误或荒谬的结论，这是"推"的前提；"推"是逆转，是结果。顺水推舟的方法有很多，如因果顺推、选择顺推、归谬顺推。

如：前苏联童话作家奥雷启夫长得很黑。有一次，他在公园散步，一个无赖嘲笑道：

"看，来了一朵乌云。"

"所以癞蛤蟆叫起来了！"奥雷启夫应声答道。

这是典型的因果式顺推法。根据乌云来了将下雨，将要下雨时癞蛤会叫的因果联系。

顺水推舟，是借人之口，为己所用，不作正面抗衡，而是在认同，甚至赞美的言语中出其不意，巧妙制敌。

有次，毛拉和几个人在野外行走，突然传来"哞——哞——"的牛叫声。这几个人不怀好意地对毛拉说：

"牛在叫你呢，快去听听，看它要对你说点什么？"

毛拉去了一会儿，回来告诉他们：

"牛问我，为什么要和几头野驴出来溜达？"

对那些人的攻击，毛拉不是直接与之对抗，而是顺水推舟，借牛之口

将对方说成是野驴。

顺水推舟推出的结论往往是荒谬的，这主要是建立在论敌荒谬的前提下。其实，正是这样，是对论敌的攻击。因此，运用此法时，要处理好"顺"与"推"的转换关系，巧妙地抓住一些关键性的词语。

一位记者问扎伊尔总统蒙博托说：

"你很富有。据说你的财产达到30亿美元！"蒙博托听后发出一阵长时间的哈哈大笑，反问道：

"你是否还听说过，一位比利时的议员我有60亿美元！"

记者的提问是荒谬的，面对荒谬，总统先生不是怒上心头，而是"哈哈大笑"，表示了自己的大度情怀，然后巧妙过渡：

"你是否还听说过"，给对方来一个夸张的反问，荒诞不经的结果当然让记者自觉失言。

总之，顺水推舟巧在对对方攻势的利用，化论敌之力为我之力，可收到"四两拨千斤"的奇效。

我活了180年

——反唇相讥法

为了反击对方的无礼和傲慢，可引来对方表达的言语句式，然后按相同的格式反击过去，所需要的只是把意思反过来。

在一西方国家的电车上，一位老太太登上了电车，车上座位都占满了，一位先生客气地起来让座，老太太随即一声不吭地坐下了。旁人都对这位老太太的不礼貌行为露出了不满的神色。只是那位先生转身问那老太太：

"太太，你刚才在说什么呀？"

"先生，我什么也没说呀！"老太太感到奇怪了。

"对不起，太太，我还以为您在说'谢谢'呢！"

话音一落，车厢里一阵哄笑，老太太羞得无地自容。

让座的先生，运用反语批评讽刺了老太太不礼貌的行为。

某年某地闹灾情，当地人选派一老者到县衙门报告灾情并求减免当年的税收。到了县衙，县官问老者：

"小麦收了几成？"

"五成"

"梅花呢？"

"三成"

"玉米呢？"

"大约两成吧。"

县官听了勃然大怒，厉声说道：

"有了十成收获还来报灾，岂不是想蒙骗本官？"老者一听，心中暗骂：

"真是个混账糊涂官！"但嘴上却赶紧回答说：

"哪敢，小民活了180岁，也没见过这么严重的灾年啊！"

"胡说！你怎么会有180岁？"县官不知是计，问道。长者说：

"县老太爷！你怎么就不明白，我大儿子50岁，二儿子30岁，三儿子20岁，我今年80岁，加在一起一共不是180岁吗？"

县官听罢笑得前仰后合，嘴中说道：

"哪有你如此算法，你是不是老糊涂了？"老者说：

"可你刚才是这样算收成的啊！"

县官闻此最后一句，突然止笑，终于明白原来是自己先错了。

反唇相讥需要有深厚的阅历，快捷的思维，灵活的表达，运用得当，

可推对方于窘境。

俄国学者罗蒙诺索夫生活简朴。有一次，一位衣冠楚楚的德国公子想嘲弄一下他的穷酸，指着他的后肘衣袖上的破洞对他说：

"从这衣服的破洞里，我看到了你的博学。"罗蒙诺索夫立刻反击道：

"我也正是从这个破洞里看到了某些人的愚蠢！"

这里，罗蒙诺索夫的回答足以使那位公子尴尬不已，无地自容。

反唇相讥，是受到恶意攻击或挑衅不服气而反过来讥讽对方。在日常生活和国际交往中，难免碰到一些心怀恶意的人，或出言不逊，或挖苦挑衅。如果一味地迁就忍让，反而会助长对方的气焰，使他们自以为计而变本加厉。所以，在必要的时候，为捍卫人格的尊严和国家的尊严，以牙还牙，反唇相讥，给对方以有力的回击，使对方陷入被动尴尬的局面。

使用这种方法时，需要注意的是，对对方言论或思路的反驳，一定要直接，旗帜鲜明；其次，无论什么场合要有理、有利、有节，否则会变成毫无意义和结果的争吵，失去了辩说的价值。

毛驴比宰相聪明

——正面进攻法

正面进攻是指运用真实判断直接确定对方论证的虚假，或以论据的真实性直接推出论题的真实性。正面进攻以事实说话，直截了当，一针见血，可以收到立竿见影的作用。

1860年6月，在牛津大学的讲坛上，自称为达尔文的"斗犬"的赫胥黎为了捍卫进化论，与大主教威尔伯福斯展开了针锋相对的舌战。

威尔伯福斯首先用一副流氓的腔调发难：

"究竟是通过你的祖父，还是通过你的祖母，你才从猿猴变过来的呢？"

赫胥黎面对这种侮辱的挑衅，从容镇定，奋起攻击：

"人类没有理由因为他的祖先是猴而感到羞耻，与真理背道而驰才是真正的羞耻。只有那些游手好闲，不学无术而又一心要靠祖先名位的人，才会为祖先的野蛮而感到羞耻……"

威尔伯福斯大主教目瞪口呆，无言以辩。

在上例中，面对论敌挑衅，侮辱性的发难，赫胥黎居高临下，理直气壮，抓住要害，揭露实质，使之目瞪口呆，无以言辩。

正面进攻，焦点在于不拐弯抹角，不借用语言艺术，往往以痛快淋漓的情感、干净利落的语言解决矛盾，说明对方。

有一个故事叫《拿毛驴做榜样》：

阿凡提在京城对人们说：

"乡亲们，我的毛驴比宰相还聪明！"

这句话传到宰相的耳朵里，宰相马上派兵捉住了阿凡提，向皇帝控告他侮辱大臣，要求皇帝重重治阿凡提的罪。

皇帝怒气冲冲地问阿凡提：

"你竟敢说我的宰相不及你的毛驴聪明，你有事实根据吗？没有的话，就要杀你的头！"

"当然有事实。"阿凡提说：

"有一回，我骑着毛驴过一座小桥，毛驴的一只脚陷进桥上的一个窟窿里去了，毛驴摔了一个跤。不久，我又骑着毛驴经过那个窟窿，我的小毛驴小心地绕过那个窟窿，腿没有再陷下去。您的宰相偷盗国库的钱财不止一次了，老百姓检举他也不止一次了，可是到现在，他还在向国库伸手，我的毛驴难道不比你的宰相聪明吗？"

"唔，是呀，有道理！"皇帝对宰相说：

"阿凡提的话不错。以后我要拿阿凡提的毛驴做你的榜样！"

正面进攻法要求论辩对方在简短的几个回合中辩明某一问题的是非，因而除了要求论辩者善于切中论敌的要害外，还必须具有较高的口语表达技巧。论辩之辞，要力求清新、明快、简洁有力；可适当运用反复、反问等手法，以增强论辩的力度；还可适当地运用排比，层层递进，步步紧逼，使论辩具有一种磅礴的气势。

君子一言，驷马难追

——绵里藏针法

绵里藏针在论辩中，是指论辩刚里柔外，柔中有刚。适用于因为有特殊的说话背景，被动的一方把不能不说又不能直说的击中对方要害的话，藏在话中，以委婉柔顺的方式表达出来，制服对手。

郑穆公元年，秦穆公任命孟明视为大将，集合300辆战车，于12月出发，带兵偷袭郑国。

这消息被郑国的一个贩牛商人弦高知道了。当时他赶着一群准备卖出的牛，正在去洛阳的途中，回国报道已经来不及了，于是他便急中生智，一边派人抄近路星夜回国报信，让国君做好迎战准备；一边把自己穿戴得衣冠楚楚，并挑选了12头肥牛和4张牛皮，乘着马车，带着随从，在秦军必经之路迎候着。

这天，秦国的队伍正在行进，突然有人拦住去路，大声喊道：

"郑国使臣弦高，受国君派遣，特来求见将军。"

孟明视听了，不禁一怔，心想，莫非我们派兵偷袭的消息，郑国人知道了？他满腹疑虑地接见了弦高，并迫不及待地问：

"先生到这里来有何见教？"

弦高说：

"我们国君听说将军带兵要来敝国，特意派我来犒劳大军，先送上这12头肥牛和4张牛皮做慰劳品，表示我们的一点心意。"

孟明视故作镇静，收下慰劳品，假惺惺地说：

"听说郑国国君新丧，我们国君怕晋国趁机来侵犯你们，叫我带兵来保护。"

弦高说：

"我们郑国是个小国，夹在秦、晋两个大国中间，为了安全，我国的将士们枕戈待旦，日夜小心地守卫着每一寸国土，要是有谁胆敢来侵犯，我们一定会给他以迎头痛击。这一点请将军放心。"

孟明视又不甘心地说：

"这么说，郑国就用不着我们秦军的帮助了吗？"

弦高说：

"我们已经做好了一切准备，如果贵国军队真的开到敝国，我们将负责供应你们粮食和柴草，派兵保护你们的安全。"

孟视明听了弦高的口气，心想郑国已经准备好了，只得放弃进攻郑国的打算。

事后，郑穆公召见了智言周旋救国的弦高，封他为军尉。

绵里藏针在论辩运用中，必须采取一切办法柔化反击的锋芒，使之里刚外柔。

有时，绵里藏针法也不防以子之矛，攻子之盾，用对方的话，堵住对方的嘴。

1918年，冯玉祥在湖南省常德出任镇守使。这个时期，全国人民正

掀起抵制日货的浪潮。常德的大街上有一家日本商人经营的专售日货的商店。一些进步学生天天聚会，并在店门口发表演说，劝群众拒买日货。日本商人对此恨之入骨，把这件事告诉了驻常德日本留民会会长高桥新二。

高桥新二来到冯玉祥府邸，要求冯玉祥用军人对那家日本商店进行保护，以阻止学生在商店前聚会。冯玉祥满口答应了这一要求。

第二天，一队荷枪实弹的士兵守住了商店门口，几个正偷偷购买东西的人吓得赶紧跑了。打这以后，士兵轮流整日整夜地站岗。一些本来想买日货的人也不敢登这家商店的门了。

日本商店的生意更加萧条。高桥新二再次去冯玉祥住的府邸，厚着脸皮要求撤回军队。冯玉祥说：

"高桥先生，你也算个中国通了。你不知道中国有句古话吗？'君子一言，驷马难追！'既然高桥先生提出保护贵国商店，就应该保护到底。我们的民族最恨不讲信用出尔反尔的家伙。高桥先生，你说对吗？"

高桥被噎住了。从此，那家商店无法再经营下去，终于倒闭了。

冯玉祥话里藏针，表面上是尊重日本人的利益，实际上是拆日本人的台。

我也要用那个筐子

——将心比心法

从前，在尼泊尔的一个小村子里，住着一家4口人：丈夫、妻子、他们的儿子和小孩的爷爷。他们很贫困。老爷爷干了很多年的活儿，现在已经老得干不动了，全靠儿子和媳妇养活他。他的儿子，儿媳妇觉得他是个沉重的负担，决定把老爷爷扔到一个很远的地方去。他们从市场上买回一

个大竹筐。天黑后，男人把老爷爷抱起来放进竹筐里，老爷爷惊讶地说：

"你们要用筐子把我弄到哪儿去？"

"父亲，您知道，我们不能再照顾您了。我们决定把您送到一个神圣的地方，那儿所有的人都会对您很好的，您在那儿生活会比在这儿更有趣。"

老爷爷马上看出了他们的用心，气愤地训斥道：

"你这个忘恩负义的畜生！想想你小时候那些年，我是怎么照顾你的，你就这么报答我！"

男人恼羞成怒，猛地背起大竹筐，匆匆走出了屋门。孩子一直在偷偷地看着，在父亲就要消失在夜幕里时，他向父亲喊道：

"爸爸，把爷爷送走后，千万记着把筐子带回来。"

男人转过身，迷惑不解地问：

"为什么？"

"等您老了，我想把您送走的时候，还用得着这个大筐子呢！"孩子说。

听了孩子的话，男人的腿颤抖起来。他没法再往前迈步。回转身，又把老爷爷送回了家。

这个小孩使用的是将心比心法。

生活中论辩的最佳结局是双方达成共同认识，而启发对方进行心理位置互换，让对方设身处地地体验别人心理，主动调整自己的态度和行为方式，则是达到这一目的的行之有效的方法之一，这种方法就是将心比心法。

将心比心法主要是通过唤起对方的良心与道德意识，让对方赞同我们的观点，修正他的错误。如果对方是稍有良心与道德的人，运用将心比心法往往可以达到预定的论辩目的。

用语言作假设，可达到将心比心的目的；也可用自己的行为，现身说法，让对方体验别人的心理，进而对他的言行做出调整；同样可达到将心

比心的目的。

将心比心法，是站在对方的角度谋划和考虑，了解他的心理，了解他的需求，了解他的困难，这种论辩方法容易使对方接受辩者的观点，达成共识。

云彩作记号

——能动转化法

辩证唯物主义认为，客观世界是永恒运动、发展和变化的。要认识和改造客观世界，我们就必须认识客观世界的运动、发展和变化。

能动转化法就是利用客观世界运动、发展、变化的原理进行论辩的。

《淮南子·人间篇》中"塞翁失马"的故事就是能动转化法的一个例证。

离边塞不远的地方住着一个老翁。

一天，他的马突然跑到塞外去了，邻居们为他丢失马匹而感到惋惜，纷纷前来慰问。老翁却说：

"不错，丢失了马是件坏事，但是你们又怎么知道失马不会成为一件好事呢？"

过了几天，老马识途，丢失的马又跑回来了，并且还带来一匹好马。邻居们都来庆贺，老翁却又说道：

"家里来了马是件好事，但是你们怎么知道这不会变为一件坏事呢？"

有了好马，儿子又喜欢骑马，结果儿子从马上摔下来跌断了腿。邻居们又跑来慰问，老翁却说：

"我儿子跌断了腿是坏事，但你们又怎么知道这不会成为一件好事呢？"

过了一年，边塞发生战争，附近许多青壮年都应征入伍，在战争中牺牲了，老翁的儿子因腿残废没有应征打仗，从而保全了性命。

这则故事反映了能动的转化，好事可以变成坏事，坏事也可变成好事，它们是随时变化发展的。

如果不能认识事物的发展变化，就难免产生错误。

穆萨在离库法城不远的地方，遇到一个名叫阿卡巴的人正在满头大汗地在沙漠上挖来挖去，穆萨问：

"喂，你在挖什么呀？"

阿卡巴答道：

"我从前在这儿埋了一罐子迪尔汗银币，现在想把它挖出来，可怎么也找不着了。"

穆萨对他说：

"你当初埋银子的时候，应当在地上做个记号，那样就不难找了。"

阿卡巴说：

"我当初做了记号了。我埋罐子的时候，天上有一片云彩的影子，正罩在埋罐子的地方，现在云彩的影子却不见了，真急死人！"

"你这个笨蛋，天上的云彩是随风飘动的，太阳的影子也不是固定不变的，你以瞬息变化的事物作记号，怎能再找到你的银币呢？"

阿卡巴犯了一个与刻舟求剑相同的错误。

论辩中，我们也可引用大量事例来证明事物的发展变化，使自己的论点具有更强的说服力。

有一次，汉武帝到上林苑游玩，看见一棵好树，问东方朔叫什么名字，东方朔随口答道：

"叫善哉。"

武帝让人记下这棵树。

过了几年，武帝又问这棵树叫什么名字，东方朔随口答道：

"叫瞿所。"

武帝有些不高兴地说道：

"你欺骗我已经很久了——同一棵树为什么前后名字不一样呢？"

东方朔答辩道：

"马，大的时候叫'马'，小的时候叫'驹'；鸡，大的时候叫'鸡'，小的时候叫'雏'，牛，大的时候叫'牛'，小的时候叫'犊'；人刚生下不久叫'儿'，年纪大了称'老人'。这棵树以前叫'善哉'，现在叫'瞿所'，长少生死，成物成败，难道是固定不变的吗？"

武帝心悦诚服地笑了。

将真理之石向狂妄的巨人眉心掷去

——针锋相对法

针锋相对法，顾名思义，是指针对论辩对方的辩略辩术，组织强有力的反攻，使之无从闪避。认为一种论辩方法，其使用的关键是要抓住对方的要害，摸清对方立论的根据加以驳斥，这样才能"针尖对麦芒"，"对"得起来，辩得有力。

针锋相对要求突出针对性。针对性越强，战斗力也就越强。

运用针锋相对法，首先要充满自信，要从心理上征服对方，展示出步步紧逼，气势磅礴的风采。

《古文观止》中有一篇《唐雎不辱使命》的文章。

骄横的秦王想要吞并安陵，无理要求安陵君用五百里土地换安陵。安陵君不同意，便派唐雎出使秦国。当秦王听说安陵君不愿调换土地时顿时变了脸色，怒气冲冲地对唐雎说：

"你听说过天子发怒吗？"

唐雎回答说："我没有听说过。"

秦王说："天子发怒，能让百万人尸骨成山，血流成河！"

唐雎说："大王听说过百姓发怒吗？"

秦王说："平民百姓发怒，不过是摘下帽子，赤着双脚，拿脑袋撞地罢了。"

唐雎说："那是庸人的发怒，不是勇猛者的发怒……如果勇猛的人真的发了怒，倒下的虽不过两个人；血水淌过的地面也只有五步，但是普天之下都得穿白戴孝。现在勇士发怒了！"说着他拔出宝剑，挺身而起。秦王一见害怕了，忙对唐雎说："先生息怒，先生请坐下交谈，何必发这么大的怒呢。现在我明白了，韩国、魏国都灭亡了，独有安陵君的一个仅有五十里地的小国却保留下来，其原因是因为有先生这样的勇士啊。"

在这一过程中，唐雎针对秦王的贪得无厌，临危不惧，据理力争，甚至以死相拼，终于使秦王自己心虚胆颤，最后终于作罢。

某城汽车站候车室内，有个男青年把痰吐在洁白的墙壁上，车站管理员对他说：

"青年同志，'不准随地吐痰'的标语你看到了吗？"

"看到了，我是吐在墙上，不是吐在地上。"

"如果依你这种说法，那么我有痰就可以吐到你的衣服上，因为衣服上也不是地上。"

男青年哑口无言。

这位男青年的回答很荒谬，对此，管理人员用同样荒谬的推理加以攻击，攻击性大，震撼力强。

有一次，在联合国的一次会议上，菲律宾前外长罗慕洛和前苏联代表团团长维辛斯基发生了一场激烈辩论。罗慕洛批评维辛斯基提出的建议是"开玩笑"，维辛斯基立即采取了十分无礼之举，他说道："你不过是个小国家的小人罢了。"维辛斯基刚说完，罗慕洛就站起来，告诉联合国大会的代表说，维辛斯基对他的形容是正确的，但他又接着说：

"此时此地，将真理之石向狂妄的巨人眉心掷去——使他平时行为有些检点，这是矮子的责任。"

罗慕洛的话博得与会代表的热烈掌声，而维辛斯基如坐针毡，难过之极。

在这则故事中，维辛斯基严重失礼，出言不逊，表现出十分低劣的思想和业务修养。对此，罗慕洛不卑不亢，针锋相对，隐喻设辩，准备而得体地反击了对方，维护了自己的尊严。

下面再归纳一下针锋相对技法的运用法则：

1. 针对对方对辩题的理解和论述，做出全面或根本的否定，使双方观点直接对立；

2. 针对对方的论据和论证方式，从逻辑上和语言使用技巧上给予反击和批驳，从而抓住对方观点上的弱点和薄弱环节，大举进攻；

3. 在反驳过程中，陈述己方的观点，表明态度，从根本上驳倒对方。

原来如此

——无中生有法

论辩者在论辩时凭空捏造出事实，让对方陷入此假象中，产生错觉，

而辩者却抓住此时机，在假象掩盖下行驶实际企图。

第二次世界大战前，英法两国以强国自居，在国际事务中常奉行"强权政治"，相互勾结，恃强凌弱。

英国公使巴克斯是个十分傲慢的人，每当谈判遇到棘手的问题时，他总是巧妙地回答：

"等我和法国公使谈了以后再回答吧！"借以逃避实质性的回答。

当时日本的外交官员南洲想出了对付巴克斯的办法。

一天，南洲拜见巴克斯，巴克斯仍以傲慢的态度接见他。南洲故作糊涂地问巴克斯：

"对不起，我很冒昧地想问您一件事，贵国到底是不是法国的属国？"

巴克斯不怒：

"请你停止你的说话内容，你应该知道英国不是法国的属国，英国是世界上最强的立宪君主国家，甚至也不能和德意志共和国相提并论。"

南洲不动声色地说：

"我以前也认为英国是个很强大的国家，但我最近却不这么想。"

"为什么？"

"其实也没有别的事，只因我们的政府每当和你谈论到国际上的问题时，你总是说要等到你和法国公使谈后再回答。如果英国真是个独立国家的话，那不应该凡事要看法国的意见行事。在我的印象中英国好像不是法国的属国。所以我今天才大胆向您请教。"

一向傲慢无礼的巴克斯被驳得哑口无言，从此以后在外交会谈时，他老实多了。

英国不是法国的属国，众所周知，南洲却无中生有地说英国是法国的属国，以此展开论辩，最后取得胜利。

有一次，我国外贸人员同某国裘皮商人谈判。

这位外商心怀叵测，施展其无中生有的伎俩。休息时，外国商人给我国外贸人员一支香烟，搭讪问道：

"今年中国的黄狼皮比去年好吧？"

"不错。"

我国外贸人员回答。

"如果我想买 15~20 万张不成问题吧？"于是这位外国裘皮商主动递出 5 万张稳盘订单，价格比原来高 5％。

正当我国外贸人员为卖到好价钱举杯庆贺时，这位裘皮商却在国际市场上以低于我国的价格抛售黄狼皮。

原来，这位裘皮商也有一批黄狼皮货，为了与我国争夺生意，先用订货的方法稳住我国外贸人员，并在抬高我国黄狼皮的价格之后，他按原价顺利抛出存货。

订货是假，这位外商无中生有，暗中行实际事，达到了自己的目的。

猪八戒巧激孙悟空

——激将法

论辩中的激将法，是指通过一定的言行刺激对方，激发对方的某种情感，引起对方的情绪波动，心态变化，并且这种波动和变化都是朝着自己一方所期望的目标发展的一种心理战术。

激将法在实际运用中，有多种多样的形式，下面介绍三种：

自尊激将法：是直接贬抑对方，故意刺伤对方的自尊心，使对方产生一种被人歧视、侮辱的心理，代之以勃然奋起，顽强抗争的奋发力的一种

方法。

《西游记》中，唐僧师徒一行4人前往西天取经。后来孙悟空因打杀妖精被唐僧赶回花果山。唐僧遇难，八戒只好来到花果山，请孙悟空前去降妖。

悟空说："你这个呆子，我临别时曾叮咛又叮咛，若有妖怪捉住师父，你就说老孙是他的大徒弟，你怎么却不说？"

八戒寻思道，请将不如激将，就说："哥啊，不说你还好哩；只要说你，他更加愤怒，我说：'妖精，你不要无礼，莫害我师父，我还有个大师兄，叫做孙行者，他神通广大，善能降妖。他来时，教你死无葬身之地。'那妖怪闻言，越加愤怒，骂道：'是个什么孙行者，我会怕他？他若来，我剥了他皮，抽了他筋，啃了他骨，吃了他心——饶他猴子瘦，我也把他剁着油烹！'"

悟空闻言，气得抓耳挠腮，暴躁乱跳道：

"是哪个敢这样骂我！"

八戒道："哥哥息怒，是那妖怪这样骂，我学给你听。"

悟空道：

"这妖怪无礼，他敢背后骂我，我就去，把他拿住碎尸万段，以报骂我之仇！"

于是大圣八戒携手驾云，前往降伏了妖魔。

猪八戒为了激发师兄孙悟空除妖的激情，编造了妖怪的话来刺激他，利用和调动了孙悟空的自尊、好胜等感情因素，因而达到了预期的论辩目的。

赞美激将法：就是通过恰如其分的颂扬赞赏或给予充分信任的方式，对特定的对象做出肯定性的评估，以达到催人向上、激人奋发的论辩目的。

二战期间，有一次，盟军总司令德怀特·艾森豪威尔对挤满了房间的新闻记者说："先生们，我知道你们都在猜测，我们下一次的攻击目标在

哪里。好吧，我就把这项军事秘密向你们公开吧，我们将于7月初进攻意大利，巴顿将军进攻南部海滩，蒙哥马利将军进攻东部海滩。"

记者竟想不到这个绝密的消息会对他们公开，都感到十分突然，面面相觑，其中一名记者问道："将军，如果我们当中有人把这个绝密消息泄漏出去的话，会不会造成严重后果？"

艾森豪威尔点了点头，不慌不忙地说："当然啰，那就要看你们的了。只要你们在报道中稍微露出一点口风，德国情报机关是非常敏感的。但是，我们不打算审查你们的稿件，完全凭你们每个人的责任感来对待吧。"

"哇"的一声，一位记者蓦地大声地惊叹说："好厉害的手段哪！"

结果这次军事行动没有走漏风声。

军事情报，实属绝密，艾森豪威尔能在记者面前公布机密并不打算审查记者们的稿件，表现出了超凡的信任，从而激发了记者们高度的荣誉感与责任心，结果这次军事行动没有走漏风声。

设愚激将法：当正面攻击或软硬兼施不能奏效时，巧妙地表现自己的无知，以刺激对方的"自尊"，使对方的言行朝着自己预期的目标发展。

英国陆军反间谍部队的高级军官伯尼·费德曼不幸被德军抓获。德军为了从他身上获取情报软硬兼施，威逼利诱，毫无结果。于是他们想出了一个办法。

德军把费德曼送到德国的一所初级间谍学校去，让一个错误百出的人当教官，这位高级军官当学生，坐在下面听讲，在一窍不通的"老师"面前，费德曼开始是忍俊不禁，尔后是忍无可忍，他一再站出来纠正"老师"的错误，结果让德军巧妙地掌握了美英的谍报情况。

德军对伯尼·费德曼的"正面防御"无计可施，狡诈地开展"心理攻势"，刺激其自尊。结果，将军解除了自身戒备，开始"自炫"，泄漏了谍报机密。

激将法是一种很有力的论辩技法，在使用时要看清对象、环境及条

件，不能滥用；同时，运用时要掌握分寸，不能过急，也不能过缓。过急，欲速则不达，效果适得其反；过缓，对方无动于衷，无法激起对方的自尊心，也就达不到目的。

敲警钟

——刚柔相济法

某地区纪委张书记，主持公道，查处了一些县级干部私占房子的问题。一位县委书记的老婆和儿子闯到他们家无理取闹，摔凳砸桌，气焰十分嚣张。张书记见状劝告不听，马上把脸一沉，以威严的目光盯着他们说：

"你们太猖狂了！竟敢闯到纪检干部家里闹！你们以为这样就能吓倒我！实话对你们说，没有金刚钻，不敢揽瓷器活，我既然敢当这个纪检干部，就准备好了有一天在这个岗位上倒下去！我死了，还可以追加个烈士，你们却要遗臭万年！我希望你们能给县委书记留点面子，他还是党的干部，难道为了几间房子，就让他晚节不保，站到党的对立面上去？"

这些话中，有严厉训导，有严正警告，有善意规劝，有微妙暗示，句句在理，刚柔并济。

刚柔相济是指柔中有刚，刚中有柔。有时是表面上的和颜悦色，柔情似水，内含着刚昂激越，热血沸腾；有时则是表面的态度强硬，貌似威严包蕴着委婉说理，善意规劝。

在论辩中，刚柔相济是强化对敌攻势，加强心理慑服的常用方法。

刚柔相济法在生活中经常使用，下面我们举一个刚中有柔的例子。

在生活中，做父母的都希望孩子有所成就，光宗耀祖，而他们面对不

争气的不孝之子常常是训骂为主。有位父亲是这样批评训导吸毒的儿子的。

"你沾上毒品，就是把自己往死路上推，把家往死路上推，这是害人、害己、害家庭。你这样真是枉为人子，枉为人父，枉为人夫啊！我希望你看在家人份上，看在妻子、父母、儿子份上，不要再吸毒了啊！"

这段话说得刚硬，有严厉的训导，有严正的警告，但刚中有柔，条条是道，句句在理，对知途不返的儿子无疑敲响了警钟。

在使用刚柔相济技法时要避免走入两个极端，既不要过分温和，使对方觉得你软弱可欺；又不要咄咄逼人，使对方觉得你是在乘势要挟。要讲刚强正直，又讲通情达理。理不直，则于"刚"有害；理直，"刚"才有刃。

你是漂亮猴子变的

——戏谑困境法

论辩中，常常遇到语言困境，面对困境，最好的化解方法是以轻松的态度，戏谑的方式对待。

在一辆十分拥挤的公共汽车上，一个急刹车，一位小伙子不小心踩上了一位姑娘的脚。姑娘不依不饶地指责起来。小伙子见状，马上道歉：

"对不起，对不起，我不是故意的。"

他见对方怒气未消，还要说什么，也觉得光道歉是不够的，便把自己的脚往前一伸，说："要不，你也踩我一下。"

这个举动，引得周围的人都笑了，连那个姑娘也忍俊不禁。

小伙子用戏谑的方法，以笑对怒，以柔克刚，用开玩笑的形式，缓解

了矛盾，说服了对方。

戏谑困境是创造和谐、活跃气氛的良方。

有一次，世界著名生物学家达尔文应邀赴宴，正好和一位年轻貌美的女士坐在一起。这位美人用戏谑的口气向达尔文提出质问道：

"达尔文先生，听说你断言人类是由猴子变来的，那我也是属于你的论断之列吗？"

达尔文漫不经心地回答道：

"那当然！不过你不是由普通猴子变来的，而是由长得非常迷人的猴子变来的。"

达尔文并不用科学的道理反驳那位美女，而是以戏谑反驳戏谑。

戏谑困境是消除尴尬、树立信心的妙法。

在美国总统竞选中，造谣中伤早在 1800 年就开始出现。

那一年，约翰·亚当斯竞选总统。当时共和党人就指控他，说他曾派其竞选伙伴平克尼将军到英国去挑选 4 个美女做他们的情妇，2 个给平克尼，2 个留给自己。

亚当斯听后哈哈大笑，他回答说：

"假如这是真的，那平克尼将军肯定是瞒过了我，全都独吞了！"在场的人都大笑起来。

桃色新闻，常常叫人有口难辩。亚当斯深知其厉害，没有正颜厉色地辩解，一句幽默的调侃，令人非常尴尬之事在大家的笑声中得以化解。

戏谑困境是教育后进、讽刺落后的巧计。

旷达而智慧的阿凡提很会化解痛苦开自己的玩笑，一切烦恼在调侃中消除。一天，他从集市上买回来 3 斤肉，吩咐妻子道："请你做一顿美味的饺子，今晚咱们美美地吃上一顿。"妻子把肉煮好后，全吃光了。到了晚上，给丈夫端去一碗白面皮。

"饺子呢？"阿凡提问。妻回答说：

"当我切好了肉,动手揉面时,你那该死的猫,偷偷地把肉全部吃光了。"

于是阿凡提捉住猫,放在秤上,猫不轻不重恰好 3 斤。阿凡提便问妻子:

"你瞧!如果这是猫的话,那么肉呢?如果这是肉的话,那么猫儿哪去了呢"对于妻子的说谎,阿凡提容忍了她,同时以幽默风趣的方式揭穿,好好地教育了妻子。

第三个就是我

——开场吸引法

在论辩中,如果辩者能够"言人所未言,见人所未见",以独特的方式开场,让人耳目一新,注意力集中,思维活动积极,会收到良好的论辩效果。这样的方法我们称为"开场吸引法"。

我们看看以下 3 个人的开场白,比比哪个最吸引你:

1992 年美国总统竞选,其中第一次电视辩论相当精彩。

问题是:对"家庭"的定义为何?

布什:

现在美国都市风气的败坏源自于家庭,因此我们应该多多重视家庭。当内子芭芭拉抱起患有艾滋病的儿童,她展现的是对家庭的同情。我认为尊重纪律和法则应对儿童广为宣传,不仅经由学校教导,更应通过家庭亲自实践,我为高度的离婚率担心,我们有必要学习尊重家庭。

克林顿:

一个家庭至少应包括父母之一，无论是新生或是收养关系，还有孩子。好的家庭是父母身教、言教，将爱心、纪律和正确的价值观等传递给下一代。在家庭里，成员感到像座避风港，也感到自己是最有价值的人。毋庸多言，美国现今很多家庭相当不健全。我想布什总统会将人们辛勤工作归之于为家庭付出，但我们为何牺牲家庭幸福，而去努力上班？上班族的家庭应该享有合理的税制以及再进修机会，更应享有繁荣的经济成果，布什总统一直不愿如此做，是因为他说这不可能做到，不必花费力气。

我说我最了解家庭的价值，而且从中受益颇多。我的家庭价值最佳的展现是，今晚是我夫妇俩结婚 17 周年纪念，我谨祝福内人快乐，并感谢女儿也能出席辩论会。

佩罗：

我认为要解决目前国内的所有问题，重建工作伦理、学校教育等。唯有加强每个家庭的成员关系，让孩子们感到被爱、被保护、被鼓励，如果每个家庭不能维持良好关系，国家也不可能强盛。

克林顿在这一回合中表现出色，首先给了"家庭"一个得体的概括，"成员感到像座避风港，也感到自己是最有价值的人"，多有人情味儿！然后有条不紊地指出上班族的利益、待遇应给予重视，这种为人民鼓劲与呼吁又怎能不得人心？最后，17 周年纪念，对妻女的祝福与感谢溢于言表，表现出为人夫为人父的亲切、关爱与责任感。为自己树立了良好的形象，为论辩打好了一个坚实的基础。

抗日战争期间，有一次柳亚子在桂林演讲。演讲开场时，他说：

"在这次没有开讲之前，我要向各位提出一个问题，必须把这个问题答复，然后讲演正文，方更有效。"

他接着问：

"中国当前人物谁最伟大？"

听演讲的人七嘴八舌提出了不少人。柳亚子说道："非也。当前最伟

大的人物只有 3 个：第一个是毛泽东，第二个是李济深，第三个是我柳亚子。"

听者哗然，但要知其下文，只得静声屏息地听他演讲。

一般说来，听演讲在开始的时候，台下是很吵的，柳亚子运用了开场吸引法，提问、回答、出人意料的答案，让人在不知不觉中集中了注意力，安静下来听其下文，收到了很好的效果。

我们应该永远在一起

——以退为进法

以退为进即是指以退让的姿态作为进攻的阶梯。在论辩中，必须审时度势，把握进退，当形势对我方极为不利时，即可使用以退为进的方法。

晋文公有一次吃烤肉，发现肉的外边缠绕着头发，于是大怒，唤来烤肉的厨子。厨子知道，烤肉上边有头发是对文公的大不敬，如果是厨子的失职，就可能被处死。厨子到文公面前，连忙认罪。他说道：

"臣该死，臣的罪有三条：

其一，我切肉的刀锋利得如宝剑一样，肉被切断，可是没有切断肉外边的头发；

其二，我用铁链串起来烤，反复翻动，却没有发现有头发；

其三，肉被火烤得赤红，最后被烤熟，可是缠在肉外边的头发却不焦。

我想，所以如此，是不是有人嫉妒我呢？"

文公听了这番话后，猛然醒悟，派人调查，果然有人陷害厨子，于是文公杀了那个人。

文公是可以决定生杀的专制君王，厨子则是任其宰割的奴仆，在强势面前，弱者很容易招杀身之祸，在此形势下，厨子巧妙地运用了以退为进的方法，救了自己一命。

在舌战中，可以先让一步，顺从对方然后争取主动。

据说，德国末代皇帝威廉二世，最爱吹牛。

有一次，他到英国访问，公然声称他是唯一对英国友善的德国人，因为有他，英国才不至于被苏俄和法国所糟蹋；也是由于他，英国才打败了南非的波尔人。

这样一些令人难以置信的话，竟出自一位皇帝之口，欧洲各国议论纷纷，英国人尤其愤怒。德国的政治家们惊慌失措，不知如何是好。

德皇意识到了自己犯了错误，但又没有勇气承认，于是他找来大臣布罗亲王，想让他做自己的替罪羊。

他授意布罗亲王：

是他建议皇帝说了那些荒唐的话。

布罗亲王当然难以接受威廉二世的授意。德皇为此大为恼火。

为了说服德皇，布罗亲王调整了策略，对德皇说：

"微臣没有资格说刚才的话，陛下在许多方面的成就，臣都不敢望其项背。

军事知识如此，自然科学的知识也如此。

臣曾听过陛下谈论晴雨表、无线电和 X 光，而我在这些方面几乎一无所知。"

"但是"

布罗亲王继续说：

"臣正好有些历史方面的知识，这可能对政治有些用途，尤其是外交政策。"

仅仅这几句，使德皇转怒为喜，他笑着安抚布罗：

"老天！我不是常告诉你，咱们是最佳搭档，互补有无吗？
我们应该永远在一起，我们会的！"

以退为进的特点就是先退后进，退的目的是为了进攻。

猪粪比马粪臭

——知己知彼法

1959 年，美国副总统尼克松赴前苏联主持美国一个展览会的开幕典礼。此前，美国国会刚通过一项被奴役国家的决议，以此攻击前苏联。当尼克松与前苏联领导人赫鲁晓夫会晤时，赫鲁晓夫质问尼克松说：

"我不理解你们国会为什么通过这种决议。这使我想起俄国农民的一句谚语：

'不要在茅房吃饭'"赫鲁晓夫怒气冲冲地说，"这个决议臭极了，臭得像刚便下来的马粪，没有比马粪更臭的东西了！"这里，赫鲁晓夫怒火冲天，难以自控，出言鄙俗，有损形象，使尼克松尴尬不已。但尼克松知晓赫鲁晓夫年轻时当过猪倌，他决定以此回敬对方。

他盯着赫鲁晓夫的眼睛，用很平静的口气说：

"我想主席先生大概搞错了，比马粪还臭的东西是有的，那就是猪粪。"

赫鲁晓夫听了一时无地自容，无言以对。

这里，尼克松面对赫鲁晓夫的无礼，抓住其痛处，机巧反驳，击其不备，取得了辩论的主动。

论辩是一种双向的言语表达方式。只有明确自己，了解对方，做到知

己知彼，才能保证论辩的质量，取得论辩的成功。

论辩时，我们会遇到不同的对手，知识的差别、性格的不同、年龄的出入、气质的差别均各不相同；有相识的，也有不相识的。相识者，我们知其底细，论辩时自然方便；不相识的，要靠我们认真观察、全面分析、正确推理，仔细揣摸对方的知识程度、言辩特色、表现风格、应变能力、论辩思路和战术安排，从而采取相应的战略和对策，掌握主动权，从容应付。

聪颖灵活者——他们机动灵活、思维敏捷，与他们辩论要快速组接，发挥唇枪舌剑之威力。

迟钝木讷者——他们反应缓慢、理解力差，与之论辩要陈述清晰、阐释圆满，缓缓道来。

刚愎自用者——他们自以为是、好高骛远，与之论辩要导引适体，妙用激将。

彭祖的八寸人中

——幽默法

丘吉尔有一个习惯，一天中无论什么时候，只要一停止工作，就爬进热气腾腾的浴缸中去洗澡，然后裸着身体在浴室里来回踱步，以事休息。

第二次世界大战期间，丘吉尔来到华盛顿会见当时的美国总统富兰克林·罗斯福，要求美国共同抗击德国法西斯，并给予物资援助。丘吉尔受到热情接待，被安排住进白宫。

一天早晨，丘吉尔洗完澡，在白宫的浴室里正光着身子在那里踱步

时，有人在敲浴室的门。

"进来吧，进来吧。"丘吉尔大声喊道。

门一打开，出现在门口的是美国总统罗斯福。他看到丘吉尔一丝不挂，便转身想退出去。

"进来吧，总统先生，"丘吉尔唤道。"大不列颠的首相是没有什么东西需要对美国总统隐瞒的。"说完两人哈哈大笑起来。

罗斯福总统推开浴室门，见到一丝不挂的丘吉尔首相，这本来是件很尴尬的事，容易使双方陷入窘境。但丘吉尔用幽默轻松的一句话，化解了当时双方的尴尬。

幽默论辩就是以轻松愉快的态度，生动活泼的语言来进行论辩的方法。

在论辩中反驳对方，有时采用风趣含蓄、诙谐生动的语言，效果很好。

汉武帝晚年很希望自己长生不老。一天，他对侍臣说：

"相书上说，一个人鼻子下面的'人中'越长，寿命就越长；'人中'长一寸，能活一百岁。不知是真是假？"

东方朔听了这话，知道皇上又在做长生不老之梦了，脸上显出一丝讥讽的笑意。皇上见东方朔似有讥讽之意，面有不悦之色，喝道：

"你怎么敢笑话我？"

东方朔脱下帽子，恭恭敬敬地回答：

"我怎么敢笑话皇上呢？我是笑彭祖的脸太难看了。"

汉武帝问：

"你为什么笑彭祖呢？"

东方朔说：

"据说彭祖活了八百岁，如果真像皇上说的一寸人中活一百岁，彭祖的'人中'就该有八寸长，那么，他的脸岂不是太难看了吗？"

汉武帝听后，也哈哈大笑起来。

在这个故事里，东方朔用幽默的语言，笑彭祖的办法来讽劝皇帝。

巧用幽默，既能达到驳斥对方观点的目的，又能产生和谐、友好、轻松愉快的气氛。

论辩中运用幽默手法是种极为有效的制胜术，它能直接体现辩手的知识水平、思想素质、语言表达能力的高低。运用幽默来阐述或批驳对方观点，会产生极好的论辩效果。

畜生不下马
——双关法

论辩中，运用语言文字上的同音或同义关系，使字词或句式同时涉及两件事，表面上言此，实际上说彼，这是使用频率很高的双关法。双关能使表达生动活泼，委婉含蓄，耐人咀嚼，余味无穷。

唐朝宰相杨国忠，嫉妒大诗人、翰林院大学士李白之才，挖空心思想奚落他一番。一天，杨国忠约李白去作"三步对"。

杨国忠抢先出题：

"两猿截禾山中，问猴儿如何对锯（句）。"

李白一听，微微一笑说：

"请宰相起步，三步之内对不上，算我输！"

杨国忠赶忙起步，一步刚迈出，李白便指着他的脚大笑说：

"匹马陷身泥内，看畜生怎样出蹄（题）。"

杨国忠运用双关的手法，以"对锯"谐音"对句"讥讽李白是"猴儿"。李白亦动用相同的手法，笑骂他"畜生出题。"

双关法作为论辩技巧，由"字面直言意义体"和"深层含义意义体"

构成。前者主要是借助语义或语音的联系而产生，后者则要借助句子、环境，甚至全篇论述才能产生双关效果。后者含义一般是隐含在前者之中，正是这种含而不露、饶有兴趣的表达能给人以意外之感。

从前，有位县官带着随员骑马到王庄去处理公务，走到一个岔路口，不知如何走，正巧遇见一农夫，县官大声问道：

"喂，老头，到王庄怎么走？"

那农夫不睬不理，只是赶路。县官大声要他停下。农夫说：

"我没时间，我要去刘庄看一件古怪的事。"

县官问：

"什么古怪的事？"

农夫一板一眼地说：

"刘庄有匹马下了一头牛。"

"真的？马怎么会下牛呢？应该下马才对啊！"县官感到莫名其妙，农夫煞有介事地回答：

"世上的怪事多着呢，我怎么知道那畜生不下马呢？"

面对无礼的县官，直言相劝相骂当然于事无补，农夫机智地运用语义双关的手法给予斥责和讽刺，借字面的"畜生"，斥责连做人常礼都不懂的县官，手法高明得很。

双关是一种绝妙的论辩武器，运用时要坚持文明表达，以理服人的原则，格调高尚文雅，内容纯净正派，要以德胜人，以理服人，切忌粗俗低级，更不能像泼妇骂街。

小孩屁股三把火

——以谬制谬法

前苏联外交部长莫洛托夫出身于贵族。一次，在联合国大会上，英国工党的一名外交官向他挑衅说：

"你是贵族出身，我家祖辈矿工，我们俩究竟谁能代表工人阶级？"

对于这种挑衅，莫洛托夫只简单地用一句话来回答：

"对的，我们俩都当了叛徒，背叛了自己的阶级。"

莫洛托夫的巧答，有力地回击了对方。

在论辩中，有时对方往往提一些古怪的难题或无理的刁问，直接地如实地对答容易上当，走入死胡同，这时，最好的方式是以谬制谬，指东说西，答非所问。

从前有个吝啬的地主，雇了3个小孩当长工，一年冬天，大雪纷飞，滴水成冰，孩子们要求地主给点柴禾，生火烧炕。狠心的地主却说：

"怕什么冷？俗话说'小孩屁股三把火'，要烧什么炕？"硬是让孩子们睡凉炕。

有一天，地主家来了客人，地主吩咐小长工去烧开水。可是，左等右等，过了小半天，还不见开水烧出来。地主急了，到厨房一看，只见地上放着一壶凉水，3个小长工屁股对着水壶，正坐着闲聊！地主满面怒气，大声喝问：

"你们在搞什么名堂？"

"烧开水呢！"

地主听完，更是火上浇油：

"你们连火都不点，怎么能烧开水？"

其中一个小长工不慌不忙地答道：

"老爷，你不是说过吗？小孩屁股三把火。我们3人共有9把火，怎么会烧不开呢？"

地主又气又恼，要发作又说不出话来。

再如：

有个男孩在一家面包店买了一块两便士的面包。他觉得这块面包比往常买的小得多，便对老板说：

"你不认为这块面包比往常的要小些吗？"

"哦，没关系"，老板回答道：

"小一些，你拿起来就轻便些。"

"我懂了。"

男孩说着，就把一个便士放在了柜台上，正当他要走出店门时，老板叫住他：

"喂，你还没付足面包钱！"

"哦，没关系！"小孩有礼貌地说：

"少一些，你数起来就容易些。"

论辩中，应答是一种难度较大、要求较高的口才形态。机巧应答，则堪称应答场合中短兵相接的利器。

公鸡下蛋，男人生孩子

——仿接法

一位财主刁钻刻薄。一次，一位长工不小心踩死了他家的一只公鸡，他便乘机敲诈，对长工说：

"你踩死了我一只能生蛋的公鸡，限你3天之内陪我同样一只能生蛋的公鸡，否则，扣发你的工钱。"

长工回到家闷闷不乐，妻子问明原因，要他不着急，她自有办法。

第三天，长工妻来到财主家。财主问道："你的丈夫呢？他怎么不来？"

长工妻答道：

"他不能来，他正在家生孩子！"

财主吼道：

"胡说，男人生什么孩子？"

长工妻反驳道：

"既然男人不能生孩子，哪有公鸡能下蛋咧？"

财主哑口无言，无言以对。

论辩中，可以巧妙地仿照对方的言语结构，建构出一个与对方语意相反的句式，产生同构意悖的效果，运用此法往往能置敌手于窘境，使其自食其果，哑口无言。

这种方法在生活中应用广泛，可收到极佳的表达效果。在教育人们，批评丑恶，警示后人的时候，更有立竿见影的作用。如下例：

甲："你在造纸厂，有的是纸，为什么不给我带点，真不够意思！"

乙："你在银行，有的是钱，为什么不拿点给我。"

灵巧仿接是一种以其人之道，还治其人之身的妙法。它一般分为两种形式：

一是仿用对方的言语来还击对方；

二是仿用对方用过的方法、技巧来还击对方。

在使用时，首先要听懂对方话语的实质和目的；其次要分析对方攻击的理由和根据；最后巧借对方的话或用过的攻击方法反击。

在运用此法时还要注意场合和对象，在友好的场合对友好的对象忌用此法；否则容易造成气氛不协调，伤了和气。

满桌是菜，不是肉！
——旁敲侧击法

旁敲侧击是指从旁边敲打，从侧面攻击，作为一种论辩技巧，是指在正面攻击难收成果的时候，而采取的侧面攻击法。现实生活中，很多人心直口快，直来直去，批评别人无所顾忌，火药味很浓，既得罪了人，又达不到目的。其实，人人都有自尊心，只要运用得法，含蓄隐晦的妙语也可激起其心底的良知。

有一客人见主人招待他没有菜肴，便跟主人要来副眼镜，说视力不好使，带上眼镜后，大谢主人，称赞主人太破费，弄这么多菜。主人道：

"没什么菜呀？怎么说太破费？"

客人说：

"满桌都是，为何还说没有？"

主人说:

"菜在哪里?"

客指盘内:

"这不是菜,难道是肉不成?……"

这位客人面对主人的吝啬不好直说,转弯抹角,几句妙语实在值得玩味。既表达了自己的不满,也讥讽了友人的小气。

旁敲侧击运用在生活中,一般有"含笑骂人,点化迷津"之功效。

前几年,流行喇叭裤,有一小伙子的喇叭裤又长又大,一天,他母亲给他洗裤子,要他拿把剪刀来,他不解,问母亲拿剪刀干什么,母亲回答说:

"你这'扫把裤'用来扫地还可以,如果下面剪成条条,地板会扫得更干净。"

旁敲侧击法作为论辩谋略,启发性大,往往是点到即止,不予说透,让对方去思考、领会。

春秋战国时期,楚王一时高兴,把一张好弓送给鲁昭公。但不久,他又后悔了。楚王手下的一位大臣自告奋勇,愿到鲁国去取回这把好弓。

楚臣拜见昭公。昭公跟他谈到这张弓的事,他连忙下拜祝贺。

鲁昭公奇怪地问:

"为什么要祝贺呢?"

楚臣回答说:

"齐晋越三国早就想这张弓,楚王都没有给他们,现在却给了昭公您。君王您有了这件宝物,就可以防备抵御 3 个邻国,岂敢不贺呢?"

楚臣此话一出,鲁昭公害怕了,他知道区区小国之君竟得了 3 个强国想得到而没有得到的良弓,势必遭致嫉恨,引来 3 个强国的进攻,他连忙将弓送还了楚王。

赠出好弓又要领回,楚王知道不合情理,难以出口。楚臣替楚王收回

好弓，采取旁敲侧击的方法，让鲁昭公主动送回。楚臣利用小国之君不敢得罪大国、明哲保身的心理，假意祝贺，侧击昭公：

齐晋越3个强国虎视良弓未能如愿，必然会因嫉恨而发动攻击，难道这张弓能抵御3个强国的进攻吗？鲁昭公害怕了，忙将弓送还楚王。

郑板桥审青石
——假装糊涂法

假装糊涂，是指面对强敌或蛮不讲理的对手时，装着什么都不知道的样子，让对方无可奈何，哭笑不得，使对方的企图不能得逞。有时你装出稀里糊涂的样子，使对方丧失警惕，疏于防范，然后攻其不备，出奇制胜。

郑板桥曾当过潍县县令，当地的恶棍一心想把他赶跑，经常寻衅闹事。一天，郑板桥从外坐轿回来，衙门前一帮不三不四的人乱吵乱嚷，拥了过来。这时有个卖粥的徐老汉的粥罐被他们一挤，砸到一块青石上，撞个粉碎。人们闹得更凶了。郑板桥落轿，只见那老汉说：

"我家有一瞎眼婆娘和5个儿女，全靠我卖粥度日，今天不知哪个缺德的人砸了我的粥罐，全家就得饿肚子啊！"他说着不由得流下了眼泪。这时一个财主指着路边的青石说道：

"作孽的就是这块青石头，我们都可作证人，请老爷公断！"

于是郑板桥吩咐把大青石抬到堂上，这些恶棍等也拥进了县衙作证。一会儿县官升堂了，郑板桥端坐堂上，手指青石问道：

"那个可恶的石头，你为何无事寻事，将老汉的粥罐砸破，快如实招来！"

堂下鸦雀无声，郑板桥把惊堂木一拍：

"来人，给我打它40大板！"

衙役们真的一五一十地打起来，两旁的豪门财主恶棍看了挤眉弄眼偷偷发笑。

郑板桥瞟了他们一眼，突然大声喝道：

"你们上堂作证人，不听老爷好好审案，乱笑什么？"

他们纷纷说：

"这石头无嘴无脚，是个哑巴，天生的死物，就是问上3年也问不出一句话来！"

"住口！"郑板桥忽然把惊堂木一拍，兀地站了起来喝道：

"它一不会说话，二不会走路，怎么能欺负这卖粥的老汉，成了砸碎粥罐的祸首呢？这分明是你们嫁祸于人，欺骗本官。欺官如同欺父母，决不轻饶！"随即命令左右：

"将这帮无赖一人赏40大板，赶出堂去！"

这帮恶棍不愿挨打，只得损钱逃命。郑板桥将损来的一箩筐的钱给了徐老汉，派人送他回去。

慷慨陈词、情绪激昂的论辩，能够从气势上压倒对方，令其手足无措，这固然是一种较好的论辩方法。但是，如果对方也激情饱满，侃侃而谈时，双方针尖对麦芒，就容易使论辩成为争吵。这时，你可以采取一点"钝"的战术——故作糊涂，装聋作哑来对付他。

1945年7月，苏美英三国首相在波茨坦举行会谈。在一次会谈休息时，美国总统杜鲁门对斯大林说：

"美国研制出一种威力非常大的炸弹。"暗示斯大林美国已拥有原子弹，对斯大林进行心理挑战。

在杜鲁门讲话时，英国首相丘吉尔两眼盯着斯大林的面孔，观察反映，斯大林像没有听见一样，未露出丝毫异常的表情。后来许多人回忆

说，斯大林好像有点聋，没有听清楚。

其实，斯大林不仅听清楚了这句话，而且听懂了这句话的弦外之音。会后，他告诉莫洛托夫说："应该加快我们的工作进度。"

两年后，前苏联爆炸了第一颗原子弹，打破了美国的核垄断地位，使西方社会大吃一惊。

在论辩中，故作糊涂是一种"软"的策略，不露声色，大智若愚，待机反驳，后发制人，是故作糊涂的主要特点。